U0521669

品牌原力

刘国华　王祥伍　著

三好物候·两代匠心·一群褚橙人

民主与建设出版社
·北京·

CHUSHIJIAN

SINCE **CHUCHENG** 2002

云雾缭绕的哀牢山

新平老基地山头上的自建蓄水池

新平老基地鸟瞰图

陇川基地风景

龙陵基地的果园网

橙树花开

橙子上的"创可贴"

褚时健与员工们交流

褚氏农业在昆明的马金铺选果厂

品牌原力

目录

前　言 　　　　　　　　　　　　　　　　　　001

第一章　一脉相"橙",两代匠心

"橙"前,启后　　　　　　　　　　　　　　003
74 岁,褚老再出发　　　　　　　　　　　　009
十年磨一剑,褚橙终不负人　　　　　　　　015
种出好橙子才有继承权　　　　　　　　　　019
褚橙的新掌门　　　　　　　　　　　　　　024
大道至拙　　　　　　　　　　　　　　　　029
从一个人的橙,到一群人的橙　　　　　　　034

第二章　不是每块土地都能长出褚橙

彩云之南,哀牢山　　　　　　　　　041
土地流转是件技术活　　　　　　　046
果园的网　　　　　　　　　　　　050
水果水果,无水不果　　　　　　　055
建立自己的种苗基因库　　　　　　061
林子不大,什么果树都有　　　　　065

第三章　把果树当人看

一道之隔,天壤之别　　　　　　　071
懂天算,也要有人算　　　　　　　076
砍掉近一半　　　　　　　　　　　080
护花使者也摧花　　　　　　　　　085
春梢、夏梢、秋梢,梢梢必控　　　090
立竿见"橙"　　　　　　　　　　094
大胆一点　　　　　　　　　　　　099

第四章　从树尖到舌尖

留住秋天的味道　　　　　　　　　　107
有一半的冰糖橙不能叫褚橙　　　　　111
加速度　　　　　　　　　　　　　　117
为了更好地相见　　　　　　　　　　122
有身份证的橙子　　　　　　　　　　127
对不起，你买的不是褚橙　　　　　　131

第五章　当科技遇上农业

褚氏农业的"农科院"　　　　　　　141
捣土　　　　　　　　　　　　　　　146
不断升级营养餐　　　　　　　　　　151
内外兼修　　　　　　　　　　　　　156
水肥一体化的尝试　　　　　　　　　160
当标准化遇到数字化　　　　　　　　164

第六章　褚橙的品牌法则

"橙中茅台"   *173*
褚橙的归属   *177*
褚氏的品牌家族   *182*
微笑的褚老   *187*
"橙心"   *193*

第七章　褚橙的一群人

以晨跑之名   *201*
橙树"监护人"   *206*
果园的彝族广场舞   *210*
让褚老精神长在橙子里   *214*
原则有底线，激励无上限   *219*
拍桌子   *223*
被挡在庄园外的褚氏家人   *228*

第八章　众人拾柴

果树也要讲求食品安全	**235**
为了能站在二十年后的起跑线上	**239**
为消费者筛选经销商	**243**
倾听市场的声音	**247**
从1到N	**251**
共享"橙果"	**255**

后　记

261

前言

甜中带酸，才是好橙。

跌宕起伏，才有故事。

在好产品和好故事两者前，人们更多地被褚时健的人生故事所吸引。然而这样的认知，对褚时健和他创立的褚橙而言是不完整的。

一个橙子里面包裹的情怀、品格，自然是褚橙带给社会的一种精神力量，但褚氏农业褚时健、褚一斌父子两代人苦心钻研20年，打造高品质水果背后的方法论才是他们带给中国农业的最大的财富。褚橙的口碑不仅来自褚老的人格魅力，更来自消费者对褚橙高品质、稳定口感的高度认可。

作为一名普通消费者,我自然也对褚老的故事着迷;但是作为一名商学院的老师,我对他们父子两代人打造产品的方法论更感兴趣。

在我看来,褚橙的出现并不能简单看作一个普通品牌的诞生,它是真正意义上的中国第一个水果品牌,为中国农产品示范了一条品牌化的实现路径,为中国农业带来了新的认知。

在褚橙的带动下,云南不仅率先开启了中国特色农产品的规模化种植,柑橘类水果的品质也因此得到大幅提升,更影响了中国农业种植行业的思考方式。因此,褚橙可以说对中国特色农产品的品牌化、精品化、规模化、科学化发展有开创之功。

2002年被问及74岁高龄重新创业想达成什么目标时,褚时健的回答是:"虽然农业不好做,但希望20年后能把橙子种到不低于世界上其他任何一种橙子的质量,希望种出世界级的橙子。"如今看来,经过两代人的努力,褚橙的各项产品指标的确都处在全球的头部位置。从这一点来说,褚橙值得大写特写。褚橙标志着中国打造世界级农产品方法论的形成,褚时健、褚一斌父子也成为中国农业领域的第一代产品经理。褚橙作为先行者,我想没人会否认它的意义。

尽管农业是我国最为基础的产业,有着悠久的开发历史,但多年来却没真正形成影响范围大、成熟的农产品品牌。农产品品牌化是一件很难的事情,这应该是很多中国企业家和品牌人的共识。

在褚橙诞生之前,有一批通过"中国地理标志产品"认定的农产品区域公共品牌，均以"地域名+产品名"的形式出现，比如茶叶类有普洱茶、西湖龙井、黄山毛峰、安化黑茶等，橙类有黔阳冰糖橙、琼中绿橙、赣南脐橙等。但要问你在这些区域公共品牌中，还知晓哪些带有企业属性的品牌，你头脑中恐怕就很难有印象了。真正知名且在市场上经久不衰的农产品品牌少之又少，即使其间诞生过一些小众的品牌，要么影响力太弱，要么经不起时间的考验。这些所谓的品牌，算起来只是短时间存在的商标，严格来说不能冠以品牌之名。

尽管政府费了很大的力气去扶持大批农产品区域的公共品牌，但由于这些品牌缺乏规范化、系统化的管理机制，区域内农民、合作社、企业种植出来的产品质量往往参差不齐，不仅损害了消费者的利益，也破坏了农产品区域公共品牌的形象。

农产品之所以难以打造品牌，核心原因还是难以实现产品的标准化以及相应的口感稳定性。从工业产品的角度来看，如果你今天买到的一瓶可乐，跟昨天买到的口感不一样，你就很难信任这个品牌。信任是品牌的基础，失去信任，就没有品牌。如果人们吃到的每个褚橙口感都不一样，那褚橙就无法称为褚橙了。

工业化生产的产品，只要在输入端把原材料控制好，在生产过程中把各类指标设定好，那输出端的产品就可以基本实现标准化。相对于工业产品，农产品生产过程的复杂程度明显高很多，属于绝对的复杂系统。

以水果种植为例，生产过程中的自然气候因素非人力所能决定和影响。褚橙的工作人员会经常讲到物候的重要性，这里"物"就是种橙的环境条件（种橙子的山和水），"候"就是气候条件，好的物候就是好山、好水、好气候。然而气温变化、降雨多少等一系列因素都处在动态变化过程中，在每年的每个时间点都不一样。因此，"靠天吃饭"成为中国农业长期以来的共识。除此之外，果树本身也不是标准化的工业产品，每棵树都时刻处在不断生长变化之中。树龄、树根大小、枝叶繁密程度等不同，摘下来的果子就有差异。同一个品种，即使在同一个果园，因为雨水、阳光、风吹等条件不一样，不同的果树结出的果子味道就不太一样。甚至同一棵果树的位置不同，因为存在日照差异、气流差异，结出的果子也往往会差异明显。同一棵果树不同年份结出的果子，味道也会不一样。对于以上种种，都无法像生产工业产品那样在过程中进行控制。

因此，传统果树种植的一个老大难问题，就是口感不均衡、不稳定。即使偶尔能产出高品质果子，也无法解决系统性的品质稳定问题。

这些年虽有一些农产品凭借互联网红极一时，但都因产品品质的稳定性和诚信问题，难以产生持续的影响力。互联网会加速品牌的形成，但也会加速品牌的死亡，产品只有符合品牌形成规律并经过足够长时间的沉淀后方可屹立不倒。褚橙的成功，很大程度上是因为它在产品品质和稳定性上赢得了消费者的信任。

要让消费者对每次买到的褚橙都充满信任，就必须在种植过程中采用可控、可量化的科学标准，在成品筛选时对口感、重量、形状方面都有统一的要求。尽管有精细化的种植过程管理，但最后出厂前仍要对橙子的糖度、外观是否符合标准进行综合考量，约一半的橙子会被无情地剔除掉，无法贴上褚橙的果标。

另外，作为生鲜产品，褚橙要求在采摘之后马上进行快速处理，以极快的速度完成橙子从橙树到消费者舌尖的过程。否则，口感就会受到影响，全年的辛苦付出很可能会在入口的那一刻毁于一旦。因此，褚橙对销售周期有严格的规定，既不会提前也不会延后，不会为了抢早而提前采摘不成熟的橙子，也不允许经销商冷藏囤货，延后销售。

为了满足这些近乎过分的严苛要求，褚橙在行业内率先形成了一系列方法论，包括在选址、田间管理、品质控制等方面独到的方法论，通过科技提升褚橙品质的科学化方法论，以品质为中心的品牌管理方法论，员工管理、组织激励等方面的内部组织方法论，协调外部资源共同打造好产品的外部组织方法论，等等。

正是因为父子两代人对产品精益求精，对产品品质死抓到底，竭尽全力围绕"做好产品"开展系统化工作，才使得褚橙成为行业的标杆，成为橙类中一个特别的品类。

如今，哀牢山上的褚橙庄园成了对事业有梦想的中国农人的精神家园，这绝非一个快速崛起的网红品牌所能比拟的。伟大的品牌之所以让人觉得伟大，是因为时间不断为其累积优势，而非其优势被时间耗散，褚橙也是。

褚时健曾经在一次接受采访时坦言："可能因为是我种的橙子，头几年大家会好奇买来吃吃，但如果果子不好吃，或者只是过得去，我相信买了几次人家就不买了。我们卖得也不便宜，要是品质不高，人家凭什么用真金白银买你一个老头子的账？"

面对一些人对褚橙品质和对褚橙未来发展的顾虑，现任掌门人褚一斌说："老爷子的离去对褚橙来说是一个重大的损失，但不会影响褚橙的长期发展。因为褚橙不仅探索出了一条农业品牌化的成功路子，还对其进行了规范、升级、沉淀。未来的褚橙只会更好，会带给消费者更好的品质。"

2002年，褚老在哀牢山种起了橙子，20年后的哀牢山，褚老已走，但万亩橙园依然散发着耀眼的光芒。

褚橙打造好产品的故事，还在继续……

第一章

一脉相"橙",两代匠心

- 褚时健超越传统，不断创新：改变肥料比例，改变果树传统的间距，独创一年四季剪枝、控梢方法，掌握了行业内最有效的黄龙病防治技术……

- 家族内部采取"赛马"机制，以"在各自挑选的基地内独立种出好橙子"为考题，优胜者获得家族企业继承权。

- 对新技术、新工具的引入，父子俩不遗余力，甚至敢于冒巨大的风险，以提高生产效率和产品品质。

- 褚时健主要是通过工业化对农业进行改造，而褚一斌则是在此基础上，通过数字化、科学化对农业进行再次升级。

- …………

世界上没有无缘无故的横空出世。褚橙今天光鲜的背后，是褚氏两代人夜以继日、忘我地扎根田间地头的结果。奔腾不止的历史车轮，只会记录下那些真正用心为时代创造好产品的人与企业。

"橙"前，启后

好橙子不是一天长成的。褚时健用了几十年的时间去积累做好产品的方法论，才有了褚橙的出世。

在成为"橙王"之前，褚时健最为著名的头衔是"烟王"。而在此之前，他还做过酒和糖，都极为成功，因此有人评价他"干什么成什么"。

1943年，时年15岁的褚时健遭遇年仅42岁的父亲褚开运受伤病重意外去世。褚时健是家中长子，当时六兄妹中最小的弟弟尚不足1岁，最大的弟弟也比他小2岁。父亲的过世让褚时健几乎一夜之间长大成人，为了照顾家里生计，褚时健不得不开始学习酿酒，这算是他的商业起点。

褚时健一家分得了爷爷留下的酒坊的一半。尽管褚时健当时年龄小，从来没酿过酒，但他想要多酿酒、酿好酒的决心却很大。正如他后来回忆所说的："我从小就是这样，做什么事都要做好，即使下河捕鱼都要比别人捕得多，酿酒我也不输给别人。"

有人对匠心精神下了一个定义，认为匠心的背后是专注、技艺和对完美的追求。这一点在年少的褚时健身上就体现得很明显。

当时褚时健家的酒坊酿的是玉米酒，传统酿玉米酒共分为五个步骤：泡玉米、蒸玉米、发酵、蒸馏、接酒。以发酵为例，这个步骤非常关键，会直接影响出酒量的多少和酒精度的高低。尽管三伯家的师傅教了他怎么发酵，并交代他发酵时关不关门很重要，但褚时健觉得方法不够完善。他通过观察发现，冬天靠近灶台的发酵箱发酵得总是好一些。糖化过程也一样，靠近门边的瓦缸糖化结果总是没那么理想，出酒率也要比靠里的瓦缸少20%～30%。他就想可能是温度不同引起的。于是，褚时健就开始用自己的方法：除了发酵时要关门外，冬天他还会在远离灶台的发酵箱下面和门边的瓦缸边上放一些热炭，适当提高一些温度。这样做的效果非常明显，别人家往往用三斤玉米酿出一斤酒，褚时健用两斤半玉米就能酿出一斤酒，不仅出酒量比别人大，而且质量也好许多，还能做到冬、夏出酒率差不多。

酿酒这件事让褚时健懂得了一个道理：做什么事都要会观察，会总结，找到规律。把规律搞清楚了，解决办法也就出来了。如果只闷头做事不动脑子,越用力反而离目标越远。

1961年,褚时健从玉溪市元江县红光农场被调到邻近的新平县畜牧场任副厂长。两年后,35岁的褚时健在组织的安排下带着妻女,去新平县曼蚌糖厂担任副厂长。在这里,他开始从个体角度转向管理者角度,思考如何打造好产品。

曼蚌糖厂是新平县为数不多的工业企业之一,连年亏损。凡事认真的褚时健,开始再次发挥他解决问题的能力。刚到糖厂,他就拉着负责榨糖业务的同事到榨糖点去看,晚上就借住在农民或工人家里。经过一个多月的观察,褚时健发现了亏损的主要原因:产出太低,而能耗太高。

褚时健在对背后的原因进行深入研究后,就开始了大刀阔斧的改革:把锅垢敲掉,减少木柴消耗;改灶,并用风干水分的甘蔗渣作为燃料,降低燃料成本。通过这两项调整,糖厂的燃料消耗大幅下降,大半年后,效益就已经开始快速提升了。紧接着,褚时健又发现,之前的滚筒转得太快,还有很多糖没榨出来。褚时健让技术人员把滚筒由原来的3个增加到6个,分两组榨,出糖率一下子由原来的9%上升到了10%,达到历史最高水平。

经过这些改造,糖厂仅用一年时间就摆脱了多年亏损的状态。

在糖厂的第一年过去了,这时很多人都沉浸在摆脱亏损的喜悦之中,但褚时健并没有停下改革的脚步。有一次他去一家白糖厂开会,把该糖厂废弃的煮糖铁罐设备买了回来,叫上工人和技术人员日夜研究改造,结果用它煮出来的红糖不仅结晶体大，颜色也非常漂亮，比一级品还好。

为了保障糖厂原料的质量，褚时健经常往山上的甘蔗田跑。他发现，很多甘蔗田里的甘蔗长得不好，是因为脚叶太密，通风、光照不足，就建议农民做疏叶工作，让阳光照进来，这样甘蔗的含糖量就提高了。这一点，后来成为他种橙树时的重要经验来源。

褚时健在曼蚌糖厂三年，第一年糖厂纯利润8万元，第二年纯利润20万元，第三年上升到接近40万元。这个数额在现在看来的确不多，但是在20世纪60年代却是一笔巨款，褚时健给糖厂以及整个新平县财政都交出了令人满意的成绩单。

1966年，政府决定将曼蚌糖厂搬到新平县戛洒镇，褚时健仍然任分管生产的副厂长。在这里，褚时健还是迷恋于工厂的各种技术改造，并一直强调："作为一个企业领导，你不懂技术，光会管人不行。"如果你现在从新平下高速公路去褚橙庄园，经过戛洒镇的街道时，还会看到"南恩糖纸厂"的厂牌，这里也是褚时健当年工作过的地方。糖纸厂则是为了处理糖厂的废料甘蔗渣，由褚时健的夫人马静芬带头做起来的。提起当年这两口子在糖纸厂的日子，很多老人至今记忆犹新，对他们都竖起大拇指。

1979年，玉溪地委经过慎重考虑，决定派褚时健去玉溪卷烟厂（后来的红塔集团）做厂长。这是褚时健最为高光的时期之一，他以思想超前、改革力度大、敢于承担风险等著称。这段时间也是他的产品方法论形成的阶段，他带领玉溪卷烟厂成为一家世界级的企业。

初到玉溪卷烟厂，褚时健将当时糟糕的局面总结为：员工软、散、懒，车间跑、冒（气）、滴（水）、漏（原料）。在1980年初云南省召开的一次大规模香烟评吸会上，与会的专家们对当时玉溪卷烟厂最好的香烟给出的评语是：辣、苦、呛，烟丝质量差，长短不一，烟梗较多，烟叶成熟度不够，缺乏烟草固有的香气，且纸张很差，包装箱又薄又差。

这次评吸会严重地刺伤了褚时健的心，向来希望做出"好东西"的他自然不甘心。

通过带领厂里的骨干人员前往上海卷烟厂等质量位于全国前列的几家卷烟厂参观，褚时健最大的感触就是：与这些优秀卷烟厂使用国外先进设备生产出来的产品相比，玉溪卷烟厂卷接出来的成品无论是在烟丝紧致度、外形还是吸味上都差得太多了，同时，生产效率低下。

运用先进设备打造好产品是褚时健的一个核心手段，在糖厂如此，在烟厂也是如此。为了获得购买最先进卷接机的贷款，褚时健一次次往省轻工业厅跑，得到政府部门首肯后，又说服工厂内部领导班子成员接受贷款的方案。最终，经过褚时健锲而不舍的多轮奔走，从英国漂洋过海而来的新机器终于到厂。

1983年，玉溪卷烟厂专门成立了技术改造办公室，褚时健自己担任主任。这个办公室成立的核心目标，就是要完成对全厂设备的全面升级改造，通过引进国外先进的成套设备，提升玉溪卷烟厂的生产能力和香烟质量。在褚时健的带领下，技术员们在厂内掀起了技术改造的热潮。紧接着在1984年到1986年间，玉溪卷烟厂又从德国、英国、意大利、日本等国引进了45条卷接、卷包、制丝生产线。这样一来，玉溪卷烟厂拥有了国内最先进、最豪华的制烟生产线。

要把香烟做好，机器只是工具，重要的还是原材料烟叶的品质。1984年，在烟草专家、美籍华人左天觉的安排下，褚时健去烟草之乡美国考察。在弗吉尼亚州，褚时健发现美国烟农都配有烟草种植手册，它对于烟草的株距、每月的浇水量、收割指数等描述得非常详细，这让他大开眼界；在生产万宝路香烟的菲利普·莫里斯公司，美国工厂的规范化运作流程、厂务管理的自主权也让他十分羡慕；而在加利福尼亚州，他参观学习了美国烟草的制作加工工艺……将近一个月的考察，美国烟草种植和加工业的工业化、标准化让褚时健十分震撼，他希望把传统的农业种植以"靠天吃饭"来定结果的过程，转变为"靠科学吃饭"。当时的褚时健肯定不会想到，这种思想会直接影响到18年后他如何种橙子。

从美国回来后，褚时健以在美国见到的烟草种植手册为范本，请通海县科委和农科所的专家、技术员制定了包括量地、整地、植株间距、肥料比例、生长期等在内的"十条规范"，这"十条规范"很快成为烟厂指导烟农的金科玉律。以往农民们都是依靠朴素的经验自己摸索着种，但从这一阶段开始，褚时健有意识地将工业管理的科学观渗透到对农业生产的要求中去。

这样做的回报也是丰厚的：1987年，玉溪卷烟厂凭借营业额、利润额、利税额等硬指标，首次超越上海卷烟厂，成为行业第一。1988年，褚时健作为全国五一劳动奖章获得者在5月1日登上了天安门城楼。1994年，褚时健当选全国"十大改革风云人物"。1995年更名为红塔集团时，玉溪卷烟厂已经连续六年在国家统计局按利税总额排序的"中国500家最大工业企业"中名列前十强。红塔集团在1995年度"中国500家最大工业企业"中利税总额列第二名，成为亚洲第一、世界第三的现代化大型烟草集团。

褚时健在一次访谈中说过："要说我一生的追求，我想很简单，不管是给国家干还是为自己干，我都有一个不变的追求：沾着手的事情就要干好。大事小事都一样。我有过失败，有过教训，能走到今天，还是个性使然。"

74岁，褚老再出发

从昆明开车过玉溪后，再往南开一个多小时下高速公路，会到达一个国家级特色小镇戛洒镇。从小镇出发再开15公里左右，会进入一座常年云雾缭绕的大山——哀牢山，褚时健老来创业的故事就是从这里开始的。

2001年5月，褚时健由于糖尿病、高血压等多种慢性病一直缠身，几次在狱中晕倒，获批保外就医。经过几个月的调理后，天性闲不住的他决定走进哀牢山，在那里做点事情。

2002年，褚时健决定在哀牢山种冰糖橙。那一年，他

云雾缭绕的哀牢山

74岁。

很多人都熟悉诗人杜甫写下的"人生七十古来稀",但对它前面的"酒债寻常行处有"却不见得了解,其意为杜甫老年时到处都欠着酒债,生活潦倒。褚时健当时虽不至于穷困潦倒,但也不得不考虑生计的问题,而他们夫妇又不愿意靠家中后辈和朋友的救济生活。

有人建议褚时健去搞矿山开发,也有人建议他去卖云南米线,马静芬还在玉溪大营街承包了20亩地种植百合花,但这些都不是他想要做的事情。

最后,褚时健想到了冰糖橙。在身陷牢狱时,褚时健曾吃到过弟弟带来的一种原产于湖南的冰糖橙,尝后感觉"很是清甜,有一种别样的果香"。另外,在20世纪90年代初期,褚时健曾吃过一次国外的美味橙子,当时他就有以后退休了要种几棵高品质橙树的想法。

褚时健之所以选择种橙子，除了橙子给他的回忆外，还因为从糖厂时期的甘蔗种植到卷烟厂时期的烟叶种植，使他对土地和农作物的种植，心里是有谱的。

不过，褚时健的这种选择，在妻子马静芬看来，只是无奈之举。"老头子能有什么办法？他只能去做农业，做其他的都太高调了。"她觉得褚时健在山里种橙子是图清净，做起事来低调，不会受到外界的打扰。

不过，这并不是褚时健种橙子的全部原因，他做事有他的商业逻辑。

褚时健发现，冬天里（尤其是在北方）几乎没有什么时令水果，只有柑橘类水果算得上新鲜，可以解决季节性水果缺失的问题；橙子又算柑橘类水果中价格较高的水果，属于高品质水果，这一点非常符合褚时健"要种就种好东西"的想法，也有一定的利润空间；橙子的储存时间比较长，适合长距离运输，有机会做成全国甚至全世界的大品牌。

不仅如此，从消费者口味来说，褚时健看资料发现，人类对甜、酸的感知度最高，这两种味道最容易让人产生食欲和愉悦心情，橙子能一次性满足人类对甜和酸的两大需求，故而可获得更大规模的市场。

正是基于对这些商业逻辑的考虑，褚时健最终选定种橙子。

于是，褚时健、马静芬夫妇在市场上买了许多柑橘类水果试吃。最后，他们得出结论，不论是国外的新奇士橙还是国内的其他橙子，口味都不如哀牢山地区出产的冰糖橙特别。这种橙子果香重，吃起来不会太酸也不会太甜，口感刚刚好。

刚好此时，褚时健打听到玉溪有一家柑桔[1]科学研究所，并且它还在玉溪市华宁县建立了牛山柑桔实验场，也种植这种冰糖橙。这个实验场出产的柑橘类水果品种很多，但这种从湖南引进的品种一直是按礼品类水果的种植方式来种植的，价格也是其他品种的两倍以上。

一旦决定种冰糖橙，褚时健的目标就很清晰：并不准备简单地把橙子种出来，而是奔着种"全中国最好吃的橙子"去。他多次在家庭内部说："一个人工作、过日子都要认认真真，对产品要认认真真，对周围的人也要认认真真。如果事情在眼前，要么彻底不做，要么就做到最好。"

一些早期的员工还记得当时褚时健召集大家在果园边开会，蹲在地上对大家说："大家听好了，我们种的橙子以后不是拿到菜市场卖的。你们按我说的做，保证让我们种的橙子卖得比肉贵。"

2003年6月，新平金泰果品有限公司（简称金泰果品）成立，由马静芬任公司法人、董事长和总经理。褚时健给自己种的冰糖橙取名叫云冠橙，意思很明显，要让自己种的橙子成为云南之冠。

2003年，果园的承包面积由2002年的不足800亩，扩大到了2400亩。褚时健把牛山柑桔实验场的技术员们请过来做技

---

1 桔为橘的俗体字，此处的柑桔一词为行业用词，本书按照名从主人原则，不做修改，后文处理方式均同此处。

术指导,大家挑灯夜战开了几个会,最后定了一个种植量:24万棵树苗。一批年轻人看到这个量都傻眼了。"这个已75岁的老人,要整这么大的阵势?"更多人的想法是:褚老都这么大年纪了,能活到看橙树挂果吗?

后来我问褚一斌:"老爷子自己没有意识到在身体状况如此差的情况下,种周期这么长的橙子所要承受的风险吗?"褚一斌回我说:"肯定考虑过,但是老爷子就是这样,先一门心思认真把事情做好,结果是自然的事情。"

24万棵树苗运到果园后,褚时健几乎一眼不漏地盯着农民们卸下树苗。农民们向来随意惯了,哪里见过这样的做事方式。直到天黑了一段时间,褚时健看到树苗全部安排妥当才准备回工棚去休息,临走还不忘嘱咐一句:"明天种苗,各自都盯好了。"

经此一事,大家明白了在褚时健眼皮底下做事,唯有认真。

褚一斌当时在新加坡,他回忆说:"老太太有一次给我打电话,说老头子要种橙子。我说好啊,种个十几二十亩地,就当养老的基地也挺好。结果老太太说,数字有点大。"后来等褚时健把金泰果品的注册资金金额发过去,他吓了一跳。褚一斌知道,老爷子又要折腾自己了,而且是大手笔。

刚开始,果园需要完成大量基础设施建设,褚时健不放心别人来监工,就和马静芬住在山上临时搭建的工棚里。马静芬有一次跟我说到当时的住宿环境,风趣地说那个棚子最大的好处就是晚上躺在床上可以直接看到星星和月亮。

那段时间,褚时健常常背着胰岛素输液袋在山上看果树。

他按照在卷烟厂种植烟叶的经验，也将果园分成几个作业区。每个作业区设作业长，负责管理各自片区的农民。尽管不用他自己拿锄头，不用亲自去摘果子，但是果树每天长得怎么样，有什么问题，褚时健觉得自己必须比农民还要掌握得清楚。由于他自己之前没种过橙子，很多东西也必须从头学起，样样都要自己学，找专家问。这也是褚时健之前一直强调的，不管在哪一行做管理工作，首先要熟悉业务，不然就成了"外行人指挥内行人"了。种橙子期间，遇到任何难题，他的第一反应就是看书，经常一个人看书到凌晨三四点。

到了2005年，一些2002年种下的果树开始挂果。家里人给远在新加坡的褚一斌捎过去一箱，他一吃吓了一跳，感叹老爷子种出来的橙子居然这么好吃。那一年，褚一斌回国看父母，在父亲床头看到父亲为了种好橙子记的好多本笔记。

当年11月，金泰果品在昆明泰丽国际酒店举行了一场品鉴会，在公众视线里消失了六年多的褚时健出现在了品鉴会现场。不过，在现场褚时健并没有大肆推销自己的产品，而是坦诚地承认当时的橙子口感还没有达到他的预期，只是试水看看。褚时健一直坚持一个理念："品牌靠质量，一旦质量出问题，这个品牌就不行了。"

马静芬后来也回忆说："坦率地讲，头几年的品质确实还不行，跟周边农民种的品质差距不大，销售也很困难。"当时的作业长郭海东说："当时滞销有销售能力不足的原因，但主要还是因为我们的橙子品质还不好。"

十年磨一剑，褚橙终不负人

"驯化"满山的冰糖橙，并不是一件容易的事情。

在橙子品质不高、口感不好的情况下，褚时健一开始也只能靠昔日的朋友、徒弟们帮衬，云南的各大卷烟厂就把橙子消化了大半。

后来，他们老两口又不断去其他地方参观学习，把所有找得到的口感好的柑橘进行对比。在专家的指导下，通过对肥料结构的改变，以及对树梢进行管理，试图去解决口感差的问题。经过几年的试验，橙子口感、质量慢慢变好。

工业化管理、精细化操作，让褚时健的果园与同行的距离越拉越大。经过七八年对果树的精心管理和培育，新平老基地的冰糖橙口味清甜、化渣，并且易剥皮，外观圆润，平均个头比一般冰糖橙要大。起先，新平老基地购买的2号冰糖橙树苗在华宁或在原产地湖南结的橙子，与褚橙差别甚大。到2010年后，橙子的品质有了明显的提升。当年产出的橙子爽口，酸甜比例、可溶物质都达到了褚时健的要求。

褚橙已经具有了独一无二的识别性，开始在云南快速占据市场。

到了2011年，当时的云冠橙已经有了8600吨的产量，占据了云南橙类水果市场80%的份额，声名日盛。

2012年，褚时健84岁，他种橙的第十个年头，果园产量突破了10000吨。当时的金泰果品面临着一个新的大时代背景：随着中国一线城市电商的兴起，生鲜类商品在互联网渠道成为抢手的热门货，而水果又是最受网购用户欢迎的生鲜类商品。

当时的褚橙还在埋头夯实自己的传统线下渠道，褚时健给出的理由是："传统渠道是最扎实的渠道。"褚时健说得不无道理，多年的管理经验告诉他线下渠道的稳定性和强大不容置疑。那时褚橙在传统渠道已经不够卖，而且从云南市场来看，电商的优势还没有显现出来。

在这样的背景之下，褚时健对电商持观望态度，也合情合理。到今天褚一斌也依然认可父亲的看法："线下渠道建立起来慢，但是稳定。老爷子的看法到今天依然是成立的，褚橙今天的销售大部分还是靠线下经销商。"

不过褚橙的闻名，还是要感谢2012年电商与它的第一次亲密接触。

早在2011年，当时名不见经传的本来生活网西南地区的买手就发现：褚时健种的橙子在云南卖得太好了，于是买手就把这件事报告给了北京总部。凭着媒体人的敏锐直觉，创始人喻华峰觉得这种橙子很有戏。褚时健跌宕起伏的人生和70多岁走入农业领域重新创业的精神，都让这家电商网站对当时还叫云冠橙的褚橙充满了好奇。为此，本来生活网高管数次前去拜访褚时健，最终打动他，双方达成了合作。

在云南销售时，一些经销商为了区分云冠橙与当地其他冰糖橙，会打出一条横幅"褚时健种的冰糖橙"。横幅一打出来，消费者都知道这橙子是褚时健种的，褚橙这非官方名字也慢慢被叫开了,而原来的官方名字云冠橙反倒渐渐被淡化。

本来生活网直接采用了褚橙这个非官方名,还赋予其新含义:励志橙。只用了一个晚上,时任本来生活网市场总监的胡海卿就写下了后来广为人知的宣传语:"人生总有起落,精神终可传承(橙)。"

接下来的故事很多人都耳熟能详。《褚橙进京》的报道火爆网络,作为褚时健的崇拜者,王石转发了这篇报道并借用巴顿将军的话感叹道:"衡量一个人的成功标志,不是看他登到顶峰的高度,而是看他跌到低谷的反弹力!"2012年11月5日,本来生活网正式发售褚橙,订单纷至沓来。这个曾经每天最多只有30份订单的小网站,一度因服务器带宽不足而宕机。本来生活网的其他水果和柴鸡蛋、有机牛奶、新鲜猪肉等产品的销售也被带动起来。11月12日早上,网民还沉浸在淘宝"双11"191亿元销售额的疯狂中,QQ弹窗忽然弹出了"励志橙"的消息。销售褚橙的本来生活网流量瞬时激增,技术部门临时增加了20兆带宽,客服也难以招架。不光在网上,在一些公司活动、媒体年会上,甚至在企业家俱乐部中,都能看到褚橙的身影。

到2013年11月,褚橙已借助电商平台将销路扩大到了全国22个城市。由于销量大幅上升,不到一个月,北京、南京、广州等地均出现了断货的现象,褚橙成为最抢手的橙子。

褚橙在全国范围内得到消费者的认可,褚时健再次证明了自己能做出一流产品的能力。

再次走到舞台中央的褚时健,随后面对的就是每天大量的拜访。拜访者各有追求,有的想从他那里得到励志的精神,有的想从他那里得到管理的智慧,有的想从他那里得到精彩的故事。

褚时健内心很清楚,在来来往往的人中,并没有多少人是来问如何打磨好一件产品的,更多的人只是想要一个签名或是一张合影。处在流量中心的褚时健,心中自有一种人间清醒。

2013年,云南省推出了五年内在全省建设100个现代特色农业精品庄园的计划。在地方政府的盛情推动下,褚橙庄园开始修建。根据规划,建成后的褚橙庄园将包括当地上万亩果园,来往游客可以在庄园内吃、住、游玩。褚时健非常清楚,政府希望褚橙庄园以点带面,起到示范作用。

2014年11月20日,处在采摘期的褚橙庄园开门迎客。如意料中的一样,游客如织。那时经常能看到褚时健与游客闲

褚时健、马静芬夫妇在褚橙庄园

聊,在庄园的一棵硕大的菩提树下,留下了很多人向他讨教的身影。

褚时健用十年时间,一点一点地垒砌出一个"褚橙帝国"。他所倚靠的不是人脉,不是虚张声势,不是资本炒作,而是深刻的商业逻辑,是一次次的田间尝试,是精细化的种植管理,是紧跟时代潮流的深谋远虑。

种出好橙子才有继承权

家族企业传承问题,一直是很多民营企业的老大难问题。褚橙走向哪里?继承问题也早就困扰着老两口。

2012 年年底,马上就 85 岁高龄的褚时健深感体力不支,继承人的问题不得不提上议事日程。如果按照一般家族企业的做法,褚一斌作为老两口的独子,自然会获得继承权。但褚时健并不这么认为,他希望褚橙这个品牌能在一个业务能力突出的继承人身上继续发扬光大,因此决定在家族内部实行"赛马"机制。除了独子褚一斌,大孙女褚楚、外孙女任书逸,甚至夫人马静芬都有资格替他执掌褚橙。

褚时健对继承人的一项重要考核,就是要看看这个人是否能再选一块地,独立种出好橙子。而且,新选的这块地还不能在种褚橙的这块地上,必须另外寻找其他地方。

2012 年年底,褚一斌接到父亲的电话,"命令"的意味很明显:回来种橙子。2013 年,褚一斌安排好新加坡的一切事情之后，决心回国接受父亲的考验，从果树种植、修剪、施肥、浇灌等工序学起，一点点深入。

大孙女褚楚选择了平田基地，外孙女任书逸选择了漠沙基地，夫人马静芬选择了磨皮基地，只是马静芬更多的是从扶贫角度去开发这块基地。不过，这几块基地离新平老基地都不算太远，1 小时左右的车程，且都在新平县。对家族内部新开辟的这些"战场"，褚时健在资金、技术、人才方面都给予了一定的支持，还特别派了自己的得力干将之一刘洪去协助褚楚。但是对于儿子，褚时健却要"无情"得多。"既不给钱，也不给人"，甚至有人想去褚一斌的基地，都被拦了下来。

"我不想自己的基地跟老爷子的基地挨得太近。"为了摆脱父亲的光环，褚一斌在 2013 年 11 月来到了离新平老基地 3 个多小时车程的镇沅县那洛村，准备开辟他的一番事业。镇沅县不属于玉溪市，而是玉溪市往南的普洱市的一个少数民族自治县。

褚一斌在城里长大，后来又长期在国外生活，对于农村的人和事都不适应。但为了高质量完成父亲的考题，他不得不拼命下功夫。褚一斌回忆在那洛村第一个晚上的情形时，说道："村主任把会计的床让给我。躺下去的时候，我问自己：'能不能坚持下来？能不能以一个农民的身份重新出发？'"

褚一斌在那洛村招收了 20 个 20 多岁、年富力强的小伙子，为土地流转做土地丈量。褚一斌回忆起这批人，感叹说："当地的民风之淳朴是我没见过的。这群人干劲十足，又能吃苦，这是我非常喜欢的。"这群人也成为褚一斌"呼之即来，来之能战"的一批"嫡系亲兵"，后来他们从镇沅基地转战龙陵基地、陇川基地，并且逐步成长为作业长、技术部门负责人、基地主管等。

在那洛村，褚一斌和自己的新团队开发了一块3亩多的试验田，同时把老基地的300多棵橙树树桩一并移植到那里，想要看看当地适不适合冰糖橙生长。但天不遂人愿，各种数据都表明这块土地并不是种橙子的"伊甸园"，褚一斌面临第一次选址失败的窘况。农科院一位姓罗的老专家告诉褚一斌："这个地方不是不可以种橙子，但是要种出哀牢山那种品质的橙子是不可能的。哀牢山又干又热，只要能保证灌溉用水，品质自然就上去了。但镇沅不一样，这里热量够，但干燥度不够，光照度也不足。生长期温度够，果实成熟期光照度不够，所以无论怎么种都种不出哀牢山那种品质的橙子。"

褚一斌将信将疑，后来专门又找人进行各种测试，最终根据分析结果确定了那个地方的确不是种橙子的最佳地点。

再熬下去已经没有意义，褚一斌需要赶紧找到一块各种条件都能媲美新平老基地的地方。

褚一斌喜欢开车，那时候还没固定的司机，为了找到一块好地，他就独自开着车到处找。后来觉得一个人开车实在太累，就带着能开车的同事一起跑，途中相互换一下。褚一斌几乎沿着附近的每一条江都跑过，澜沧江上下游、怒江上下游、金沙江上下游都跑过。由于云南的农业种植在那个阶段已经整体展开了，要找到符合褚一斌要求且大规模的连片土地已经很难了。

为何要沿着江找？因为冰糖橙对降水量有特殊的要求，年降水量的控制点大概为900毫米。而且在入秋后果实开始成熟前约两个月的时间内又不能有太多降雨，在这样的气候下种出来的冰糖橙才是最好的。沿江区域基本上都满足这个要求。

"山重水复疑无路，柳暗花明又一村。"正当褚一斌一筹莫展的时候，又是农科院的罗老告诉他："保山市龙陵有个矿，矿老板为了让自己的工人有地方休息，便建了一个柚子园。他们不懂修剪，不懂施肥，就请我们团队过去交流做示范。那个时候我就注意到，龙陵这一块地很有发展前景，你可以去看看。"

这让褚一斌再次燃起了希望之火，不日便驱车来到龙陵。果不其然，那里的自然条件比镇沅优越得多。"这儿跟镇沅相比，简直是一个天上，一个地下。"提到当时的情境，褚一斌至今还难掩内心的激动。

褚一斌说的这块地，位于保山市龙陵县东南部的勐糯镇，该镇境内主要河流有怒江、勐糯河、蛮岗河、闷寨河等。这里的气候属热带季风气候，昼夜温差明显，干湿季分明，适宜多种农作物生长。褚时健到龙陵基地看了后，对儿子说："别的不说，你看其他植物的长势就知道这块地种橙子问题不大。"

2014年10月，褚一斌在考察完不久之后就毅然决定放弃在镇沅种植橙子，转战龙陵。

经营镇沅基地前后不到一年的时间，褚一斌选择及时止损。

谈到当时决定要放弃镇沅基地时，褚一斌说："其实这个地方不能说完全放弃，到目前为止还派有人驻守，那边还留有

700亩土地种沃柑。那边实在太穷，我们能帮一点是一点。当时离开镇沅还是有点不舍的，第一次选择的地方，付出了很多情感。但是好橙子必须要有好条件才能长出来，从自然条件方面考虑，我们必须放弃。"

尽管龙陵基地物候很好，但在很多人看来，这里并不是一个好的选择，因为离新平老基地实在太远了，没有直达龙陵基地的火车、公共汽车，开车是最便利的方式，但是要辗转11个小时以上。这样的距离，就算褚一斌想搭老基地的顺风车，想偷师学艺都不方便。有一次有个记者要采访褚一斌，褚一斌正好急着开车赶去龙陵基地，就问："你会不会开车？如果会开车的话就跟着我，我们边开车边聊。不会开车，那对不起，我就没时间了。"于是这位会开车的记者陪着褚一斌开了十几个小时的车来到龙陵基地，下车后的第一句竟然是告诫褚一斌："千万不要选择这里，太不方便了！"

褚一斌在龙陵基地折腾的这几年里，父亲褚时健对他一直持观望的心态，偶尔会表达出不相信。

2016年之后，褚时健慢慢看到了儿子的努力和儿子所取得的成绩，但心里又不想直接表达对儿子的认可。有时候，他会通过跟马静芬的对话来间接传递信息，比如他会对马静芬说："看起来，你对儿子的判断比我准。"褚时健跟马静芬讲这个话的意思，家里人都懂。马静芬转身开心地跟儿子说："你看看，老爷子对你的理解又进了一步，开始认可你了。"

2017年年底，龙陵基地到了"交卷"的时刻，这意味着近五年的考察期告一段落。有一天，褚一斌偷偷给家里送了一箱橙子，也没说是哪里产的。老爷子一吃，觉得非常不错，连吃了三个，然后问家里人这是哪里来的。褚一斌这才说，这是龙陵基地产的。

褚时健脸上露出了难得的笑容，他知道儿子经受住了考验，可以放心地把位子交给他了。

褚橙的新掌门

2018年9月，新公司"云南褚氏农业有限公司"（简称褚氏农业）成立，90岁高龄的褚时健任董事长一职，褚一斌牵头组建公司并任总经理，开始整合几个基地的业务。这意味着，褚时健正式将事业交给儿子褚一斌负责，褚氏父子实现顺利交接。

对通过种橙考验的褚一斌来说，做好继承人，对他的考验也并不轻松。

挑战首先来自他的师兄们。他说："我的态度够不够诚恳、学习能力够不够强、看问题能不能抓到重点，对于这些问题，我的师兄们都在看。"

在刚接手褚橙的一次销售会议上，褚一斌发现一个师兄对他有一些蔑视。参会的管理层，都是跟随了褚时健多年的老师傅。褚一斌深知，得不到这些老师傅的心，他就无法当好新掌门。"当时我直接跟他们说，我是不是褚时健的儿子不重要，我希望大家提意见、提要求、提设想，一起把事情做好，而不

褚时健生前参加的最后一次销售会议

是彼此争斗。"

这次会议,好在褚时健也参加了,没出什么乱子。但是褚时健也只能扶上马送一程,剩下的路还是要褚一斌自己去走。

2019年3月5日,刚迈入91岁的褚时健走完人生最后一程。

此后,褚一斌完全接手整个团队。褚时健去世后,管理层给褚一斌的脸色并不好看,他们对褚时健感恩佩服,并不代表对褚一斌也如此。

不过,褚一斌很快惊讶地发现,原来父亲早在三年前就已给自己安排好了继承"锦囊"。褚一斌在查公司账目时发现,最近三年管理层的工资一直在下调,而且管理层对此有一些怨言。原来,褚时健通过连续给管理层降工资的方式,将加工资的"施恩"权留给了褚一斌。

在第四次管理层会议后，褚一斌宣布，管理层的工资将在历年中最高工资的基础上上浮5%，人心自此稳住。

但挑战远不止于此。

2018年褚氏父子交接后，分家导致核心营销团队出走。这一年的采果季，褚一斌焦头烂额，他忙于重新组建团队，建立选果厂。经历过这一年的褚橙人回忆起这段日子，都说"像打仗一般"。

好在混乱之后，褚一斌带领团队在种植、包装、与消费者交流、渠道、品质和管理流程方面都进行了重新梳理。到了2019年年底的采果季，褚橙销售速度反而成了历年来最快的，采摘果子用时33天，而35天就完成了销售目标。褚一斌至今说起来都掩饰不住心中的自豪："我们从4月开始建一个五六百人的选果厂，拥有国内一流的生产线，设备投资就花了4000多万，都是自有资金。"

褚时健2018年把公司交给褚一斌时，他给儿子打80分。那个时候，褚一斌只敢给自己打65分。2019年后，褚一斌说能勉强给自己打75分。

随着褚一斌在公司管理上越来越得心应手，管理层和农民都发现这个新掌门并不简单。与褚老最大的区别在于，这个新掌门更想把公司变成一家大企业，更讲究对规模化、技术化的未来进行规划。

以前褚时健在世时，在管理方法和工作上更直接，常常深入一线。道理很简单，因为其他几个基地独立运营，褚时健不用参与其他几个基地的管理，管理的范围并不大，可以直接管到农民，这也是最佳的管理方式。

但是褚一斌执掌褚氏农业后，除了任书逸夫妇的基地没有归属褚氏农业外，其他几个基地都整合进来了，这意味着他同时要管理几个基地，因此管理的范围大了很多。这迫使褚一斌的管理要更系统化，不再直接管到农民，而是通过作业长对农民进行管理。另外，为了协调几个基地的管理，褚一斌在总部又设立了生产技术部，对其他几个基地的生产部和技术部进行指导。而且，各个基地之间还会进行轮岗，实现技术、生产等方面的互通。很多人一开始有些不适应，尤其是在初期，有些基地主管并不服管，不过后来他们也慢慢明白褚一斌这样做的意义，逐步适应了。

新平老基地行政主管刘勋介绍说："以前褚老对我们的管理主要是针对基地的技术和生产问题，现在褚总更多地要求我们考虑公司整体水平的提升，包括做大后如何向外延伸。对农民，现在更多采取结果导向的管理，充分放权，将他们的收入与产量、品质直接挂钩。"

对于几个基地的发展，褚一斌的思路是首先要把老基地的生产维护好，把品质保证好，因为老基地是整个公司的定海神针，是老爷子的心血。在保证老基地的稳定发展后，再推动新基地稳定提升，稳中有进。

最能体现褚一斌对果园管理新思路的，是他从2014年就开始独立建设的龙陵基地。如果你去龙陵基地看看，就会发现它跟老基地不一样。如果说老基地体现了褚时健的匠心，那么龙陵基地则能够更多地体现褚一斌的新匠心。

2014年，褚一斌在开始建设龙陵基地时就考虑了数字化，对橙树的间距也有精确的规划。这是因为他看到老基地在初期由于经验不足，种植密度过大，导致后来老爷子砍了很多树。那时，褚一斌就在想，到底该怎么样调整才能在父亲的种植基础上做一些升级。所以，在龙陵基地种树时，他就严格规定行间距必须保持4米。

在这个基础上，褚一斌又进一步考虑提高精度。对一般的果树种植来讲，管理精度的最小单元是一棵树。褚一斌当时就想给每一棵树打点，确定每一棵树的坐标。

他找到专业的测绘公司，结果对方看了看地，开口要300万。在当时褚时健"既不给钱，也不给人"的方针下，褚一斌出于对钱袋子的考虑，没有接受。但褚一斌并没有放弃这个想法，有一次，褚一斌刚好遇到一位云南农业大学的学测量的实习生，技术过硬又聪明。褚一斌就试探性地问他："如果我这块地交给你来做测绘，你收多少钱？"结果对方算了算，说35万就够了。褚一斌一看，比上一家少了很多，觉得这事值得干，就放手让他组建团队去干。

这位学生组建的临时团队最终不负众望，把每一棵树的坐标点都标记出来并做了编号，形成了龙陵基地的果树坐标库，为后来果园数字化、遥感技术应用等工作的推进奠定了基础。如果在卫星图上把龙陵基地坐标点都输入进去，数字地形模型一下子就出来了，在这个基础底座上建数字架构就轻松多了。相比较而言，在老基地应用遥感等各种技术建数字模型的难度就要大一些，需要重新测绘。

到 2022 年，龙陵基地已经经营了八年，挂果量、成品率都在逐年上升。根据褚一斌的预测，五年以后那边的产品品质就会超过老基地。

对此，褚一斌说，并不是自己比父亲做得好，而是时间点不同。龙陵基地和他自己都是白纸一张，没有历史包袱，一切都可以大胆去做。父亲的影响太大，当时的卷烟厂带动的不仅是玉溪，而且是整个云南。后来他父亲创立的老基地也很受关注，这就使他父亲在做一些事情的时候只能越低调越好。

大道至拙

如果简单总结一下褚氏父子两代对做好产品的心得，大约"守拙"二字会是核心关键词。

对褚时健而言，做产品就要老老实实做，往精里做。王石说，这就是中国传统的工匠精神。褚时健没什么其他兴趣爱好，不喝酒，不打麻将，有时候会看看《新闻联播》。褚一斌跟我说，这么多年他父亲看过的电视剧，也就是《雍正王朝》等少数几部历史剧。

在褚时健的一生中，无论是在酒厂、糖厂、卷烟厂工作，还是种橙子，认真做产品这一点在不同阶段他都一以贯之。早在玉溪卷烟厂时，即使是出国考察，褚时健也坚持两点：一不带所谓的行政领导，一同前往的大多是工厂的技术人员和车间主任；二是在考察期间都在预约的工厂里待着，从来不出去游玩。

在哀牢山种橙子的头几年，褚时健为了解决橙子品质不高、口感不一、病虫害等问题，几乎每周都从玉溪市内跑去山里几次，每次坐车跑一个多小时的山路，然后一头钻到地里和作业长、农民们现场解决问题。不管是在玉溪的家里，还是在褚橙庄园，褚时健住处的床头桌上，全部是关于种植柑橘的书，每天晚上他都是伴着书入睡的。万籁俱寂的褚橙庄园深夜，大约只有褚时健翻书的声音才是打破夜间宁静的唯一声音。基地的农民在教育自己的子女时会经常说："你看褚老爷子这么晚了还在看书，你们还有什么理由不看书？"

作为最早的几个作业长之一，郭海东回忆说："当时老爷子已经80多岁了，跟着我们到田里去看橙子，回来后就在黑板上算肥料比例，分析到底哪里出了问题。他就说我们的肥料一定出了问题，必须对氮磷钾的比例进行试验、调整。"

"褚老做事相当认真，时间观念很强。即便从玉溪过来，说好了时间，也不会迟到。一般都是提前半个小时就到了，经常是他在作业区等着我们。"现任新平老基地主管的刘洪说，"有一次我和郭海东早上买包子耽搁了，比老爷子说好的时间晚了10分钟，老爷子一连打了三个电话。我们到了以后，老爷子就站在那里看着我们：'几个小崽子，10分钟还来不了？'"

褚时健从来没有什么办公室，他的办公室在地里。每周他下基地的时候，都会去地里找大家，哪怕是到了90多岁时亦是如此。在地里，褚时健就一路和大家聊，告诉大家如果有什么工作或生产问题，一定要及时解决掉。郭海东说："有的人来拜访褚老，来一周也见不到人。现在回想，当时我们能在田间地

褚时健与员工们交流

头经常和褚老一起工作，真的很幸运。"

尽管从未学过橙子种植技术，但是褚时健仅用两三年，其技术水平就超过了种植十几年的专业户。他在种植橙树的过程中，不断突破传统，不断创新：改变肥料比例，改变果树传统的间距，独创一年四季均剪枝和控梢的方法及行业内目前最有效的黄龙病防治技术，等等。

常人或许很难想象，为了让褚橙的甜酸比例更适合中国人口味，褚时健亲自用鸡粪、烟末、甘蔗糖泥等调配肥料；他甚至每次去果园，都要跟果树说话……褚时健被拜访者问得最多的问题是："为何我们的事情总是做不成，而您却可以做什么成什么？"褚时健往往会告诉他们："不要把我看成神，我做的也只是一点一点地解决问题。每年解决一点，到最后，结果一定不会很差。"褚时健的成功传奇，在他看来只是守拙的结果。

褚时健如此,褚一斌也是如此。

如果你在褚橙庄园见到一位常年穿着白色T恤、肤色黝黑的"老农民",有很大概率,他就是褚一斌。长年累月扎在果园里,他已经完全忘记了之前在金融圈那套精致的打扮,往往是怎么干活方便怎么来。

褚一斌常说,农业产品和工业产品的不同之一,就是农业产品的周期长。因此要守得住时间,不可能今天投入一个资源,明天就出来一个结果。今天种下的橙树,少则三年,多则五六年才能挂果。橙树种植是一个漫长的工程,每年果园管理的周期也很长,从开花到最终收获果实,约270天。在没有果实的冬季依然要堆肥,不能停歇,这是件苦差事。

一棵新种植的果树,早期果子品质一般都不会太好,想要真正品质高的果子,要耐心等待。龙陵基地的橙树到2022年已经种了八年,但果子的品质依然没有达到褚一斌理想中的水平,还得继续等。这种长时间的等待,不是那些急于求成的企业和创业者能够做到的。

而且,种植业纠错的等待时间也长,这一点也让很多人望而却步。

如果是工业品,品质出了什么问题,通过做试验或者统计分析,通常很快就能找到原因。一旦找到原因,马上就可以进行调整,对生产的改进非常迅速。

但是,农业产品的品质问题就很难这样快速解决。比如想看到不同配方的肥料对水果口感或产量的影响,至少得等一年。再比如想知道不同的剪枝方式对水果产量及其稳定性的影响，就得同时进行足够多的对比试验，可能要试验很多年。假如效果没有达到预期，还得再进行新的试验，又得等待很长时间。

长周期问题几乎是农业产品品质提升道路上最大的阻碍。没有足够的毅力与理性，就无法面对和解决这个问题。为了解决长周期纠错的问题，褚一斌采取的办法就是让大家在基地分区做试验。他们在基地划分了不同的试验区，一旦某个试验区试验成功，就再扩大一点范围，一层层递进，避免因冒进而给整个果园带来风险。

我们今天吃到的品质高且稳定的褚橙，是褚橙人用20年时间和两代人心血培育的结果。因此在水果行业内，尤其是在橙类种植者中，褚橙也是经常被提及的名词，且提及时多数人都对其充满敬佩。

"守拙"不仅要守得住时间，还要做事精细，从细节处入手。褚一斌给我们举了一个例子，说他办公室煮茶的茶具，从200元的到2000元的，甚至更贵的都用过，但是使用时间都不长。为什么会坏？其实不是那些大件出了问题，而是一些结合点、接口处没有处理好，恰恰是这些地方才能真正体现专业化精神。

日本著名的管理学家、经济评论家大前研一在其《专业主义》一书中倡导：在21世纪激烈的竞争中，我们已无处退缩。个人之间、企业之间的竞争已经跨越国界，胜利者与失败者的区别变得更为清晰，唯有专业技能和职业素质兼备的专家才能在全球化经济社会站稳脚跟。对专业主义的坚持，对匠人精神的坚持，一直就是立业之本。只不过，在尚未成熟的市场，或是受利益驱动，或是被人情左右，我们忘了初心，失了本真。

从一个人的橙，到一群人的橙

2020年正月初九，褚一斌把全体管理层叫到褚橙庄园，召开了五年战略会议。这次会议的一个重要议题，就是讨论如何让褚橙在未来走得更稳、更好。正是在这次会议上，褚一斌提出了"一群人的橙"的概念。

至于为什么提出这个概念，褚一斌解释道："以前为什么叫'一个人的橙'？一个老英雄，他有历史沉淀，有智慧、能力，我们不用想，跟着他干就行了。今天，我们说'一群人的橙'，是要大家共同努力，一起分享，把他留下的事业继续向前推进。"

但这背后的真实原因，可能远非褚一斌说得这么简单。

褚一斌在一次接受媒体采访时说："从我父亲带着寥寥数人来到这片荒山种下第一批橙树，到我正式接管，褚氏农业的品牌和产品走到了一个高点。我和我的团队从这个高点出发，战战兢兢，生怕出一点问题，但整个公司还是只能用'疲于奔命'来形容。我一直在想的是，怎样才能不疲于奔命地守住高点，又能更进一步。"

从2018年名义上接班，到2019年褚老过世后正式全盘接手，这两年可以说是褚一斌近些年来最为疲惫和焦虑的一段时间。褚一斌有一段时间连续很多天都睡不着,他发现自己的脚指甲在一个个变黑。他当时心里想,如果脚指甲全部变黑了,他估计也要追随老爷子而去了。

褚一斌的焦虑,一部分来自父亲过世之后的无力感。

以前褚时健在世时,曾跟褚一斌说:"只要我还在,褚橙就不会出什么问题。"事实也的确如此,老爷子就如定海神针,稳定祥和,一切都在掌控之中。但是老爷子过世之后,所有的人和事都向自己涌来,褚一斌第一次感受到了自己暂时还无法完全掌控父亲留下的这个企业。

接手第一年,褚一斌可以说是手忙脚乱、精疲力竭,最大的问题来自选果厂。面对社会上的各种质疑和分家后的企业部分职能缺失,褚一斌决心在2019年建新的选果厂,4月开始找厂房和做设计,10月上旬试机,11月正式投入运营。这场硬仗效率之高,让褚一斌看到了团队的力量。也是从这时起,"一群人的橙"的理念在他心里进一步扎根。褚一斌说:"我毕竟不是我的父亲,他能创造的我可能创造不了,但依靠大家的力量,我相信行!"

褚一斌经常跟我打一个比方,说他自己就是能装20升水的桶,而他父亲能装200升,他凭自己一个人的实力绝对无法超越他父亲,他只能在自己这个桶的基础上,再添加19个乃至更多的桶,通过一群人的努力去达到他父亲的高度。事实上,早在2015年他就计划发起一个在全国"寻找99个褚时健"的活动,这可以说是他提出"一群人的橙"的起点。

褚一斌以前很喜欢海钓,他在开始全面接手褚橙的那段时间总是做噩梦,梦见自己在船上海钓,周边的海水都向自己涌来,顷刻间就将自己淹没在无边的海水之中。

褚一斌心中的"海水",一部分来自老爷子留下的核心骨干。褚一斌开玩笑说:"师兄们看着小师弟在指挥他们,'藩镇'意识就上来了,不服管。"当时褚一斌就想,既然如此,那我们就一起来管理好褚橙,把褚橙做得更好。

我问褚一斌:"让师兄们一起来带领褚橙,是不是意味着你的一种屈服?"褚一斌一笑:"并不是屈服,而是在乎。褚橙的确需要一群有经验、有能力,而且愿意沉下心来扎在果园里的人!"

褚一斌深刻认识到,人是褚氏农业未来发展的基石。

要想把褚氏农业做强做大,需要一群聪明人去做笨的事情。但是让聪明人去"守拙",却是一件难度极大的事情,缺乏吸引力。"我觉得中国人是最聪明的,但在商业上又最容易形成羊群效应。看到什么行业最挣钱、工作条件最好,聪明的人就一窝蜂地往这个方向去。不管是在云南的种植企业中,还是在全国的种植企业中,我们都应该算是头部企业吧,但是你要让一些学历高的、聪明的人来这里工作,还是很难打动他们。大家都爱吃褚橙,却不爱种褚橙。这是我们今天和未来都要面临的人力资源难题。"褚一斌说。

要使褚氏农业得到更快的发展,就必须有一群人安心留在地里,让褚氏农业对他们有足够的吸引力。在这种思路下,褚一斌委托第三方咨询机构设计了员工股权激励计划。2020年5月,股权激励的第一轮方案出炉。褚一斌明白,未来五年的发展规划，要仰仗一群人来执行。他索性在褚橙庄园开放讨论褚氏农业的股权激励方案，大家一起修改。

褚一斌跟大家解释，未来褚橙要在共享的基础上实现股份制改革，但是这个想法一开始遭到了核心技术骨干的反对。他们20年前就跟着老爷子在地里种橙树，他们明确的诉求就是"不要股权，要钱"。

为了鼓励大家参与到股份制改革中来，褚一斌提出让公司内部员工以4折的价格认购股权。某投资机构的负责人私下跟褚一斌说，给内部员工打对折就足够了，但是褚一斌还是坚持让员工获得更多的利益。尽管如此，大部分员工还是不为所动。

为了让"一群人的橙"得到更好的体现，褚一斌认为未来褚橙需要上市。不过对于上市的时间，褚一斌并不着急，他觉得还是要先把事情做好。不管是"一个人的橙"，还是"一群人的橙"，其实都是指向一个好产品，都是要把褚氏农业的事业发展壮大。

褚一斌说："我们永远做水到渠成、顺势而为的事，不要逆势去推动。"他之前在金融圈看惯了那些急于跑路、急于套现的上市套路。如果有一天褚氏农业上市了，核心目标一定是让更多的人支持褚氏农业的发展。即使要引入投资，褚一斌认为也是引入战略性投资，陪伴褚氏农业一起成长。

不管多大的投资机构，如果跟褚氏农业谈投资的问题，褚一斌都要求不被他们"绑架"，未来褚氏农业上市的时机、投资机构的退出机制都必须是褚氏农业说了算。决策权必须在褚氏农业，而不能被投资机构牵着鼻子走，破坏对好产品的打造，这是褚一斌严守的一点。

在这个意义上，"一群人的橙"关乎的不仅仅是内部的一群人，还有与褚氏农业共同打造好产品的同伴，从内到外，包括了经销商、媒体、消费者等，是一种广义的生态融合概念。通过共同奋斗，共同奉献，一起成就。褚一斌的"一群人的橙"的概念，体现了褚氏农业的利益共享模式，既共同成就一个好的产品，也各自获得成就。

为了真正实现这种利益共享，褚一斌觉得最重要的就是做透明化的公司，尽可能让大家都看得懂公司在做什么，未来要做什么。让大家在产业中得到成长，让每个人都能获得理想的收益，同时能够获得自我认同和社会认同，让农业从业者"兜里有钱、脸上有光"，这对于做"一群人的橙"很重要。

褚一斌马上就60岁了，2022年年中，他真诚地对我说："我希望自己在70岁时，可以把褚氏农业交给这群人，然后自己去做闲云野鹤，做一些自己一直想做而没时间做的事情。我希望再经过十年的打造，让这群人真正成为一支'精锐之师'。到那一天，我也可以对着一群褚橙人拍拍胸脯说：'我玩得还可以。'有一天我离开这个世界时，我能面带微笑，能对得起后人。"

第二章

不是每块土地都能长出褚橙

- 哀牢山年平均气温 21℃~23℃，年日照时数 1800~2200 小时。先天好的物候条件，加上科学的种植管理，使得褚橙格外好吃。

- 褚氏农业果园规划充分考虑了种植全流程中的各种因素，通过道路、水管、沟渠等要素的科学布局，让土地、果实、人等要素组成一个及时互动的生态系统。

- 为了让果园有充足的水量供应，褚时健未雨绸缪，十年间投入 1400 多万元修建蓄水池，因为他知道，和老天爷打交道，存不得半点侥幸。

- ············

"橘生淮南则为橘,生于淮北则为枳,叶徒相似,其实味不同。所以然者何?水土异也。"老祖宗早就告诉我们,环境变了,事物就会发生改变。褚橙,正是靠着得天独厚的物候条件,加上对水源、园区规划、种苗等要素的人为科学把控,才将品种优势发挥到极致,成为那个与众不同的冰糖橙。

彩云之南,哀牢山

如果说每个人的心里都有一方魂牵梦萦的土地,那么哀牢山下的土地就是褚时健所牵挂的那片故土。

哀牢山脚下的戛洒镇,曾有褚时健和马静芬一手发展壮大的南恩糖纸厂。那时工作之余,他们也时常来哀牢山走走,看看这里种的原料甘蔗。当74岁的褚时健再次站上哀牢山山头时,山在云雾的横波回澜里载浮载沉。那一刻他联想到自己的一生,定是无限感慨。褚时健选择在这里种橙,说白了,心里还是忘不了当年奋斗的岁月。

在褚时健来到哀牢山种橙之前,这座山的名字并不如今天这样让这么多人熟知。哀牢山之于褚橙，就如温床，提供了最适合它的生长环境。当年王石怀疑褚时健从湖南引进的冰糖橙种苗能否适应这遥远异乡的哀牢山水土时，褚时健给他详细分析了当地土地的酸碱度以及高海拔地区的湿度、温差等因素，并一一列出了这些因素对橙苗生长的有利之处，分析得非常清晰，王石不由自主地感叹："他简直变成了种橙专家！"

独特的物候条件，是很多高品质农作物的基础保障。以世界上高品质的红酒产区来说，大部分都分布在北纬 30～52 度以及南纬 15～42 度。显然，众多葡萄酒酿造区聚集在特定的纬度带并不是巧合。与此类似，我国的柑橘产地也只分布在特定的纬度带。具体来说，主要分布在北纬 16～37 度，南起海南省三亚市，北至陕西、甘肃、河南，东起台湾，西到西藏的雅鲁藏布江河谷等地。而柑橘属的冰糖橙产地则集中在湖南和云南，其中像湖南的麻阳，有冰糖橙之乡的美誉，是我国冰糖橙的主要产地。

云南的冰糖橙跟湖南的冰糖橙口味大不一样，而哀牢山上的褚橙跟云南其他地方的冰糖橙口味也大不一样。很多褚橙的员工很骄傲地对我讲，在哀牢山之所以能种出褚橙，是因为其物候条件独具一格，就像茅台酒只有在茅台镇才能产出来一样。

哀牢山国家级自然保护区地处东亚季风热带和南亚季风热带交汇处，哀牢山是云贵高原和横断山脉的分界线。在海拔 2800 米左右的哀牢山区，年降水量达 2200 毫米，而褚橙生长的山地位于海拔 800～900 米的哀牢山中段东麓，年平均降水

长在哀牢山中的褚橙

量在 700～900 毫米，正是最适合其生长的条件。褚橙属于冰糖橙中的高山橙，与普通山地、平地上长出来的橙子在口味上有明显的区别。

除了合适的降水量外，哀牢山对种冰糖橙来说还有两个重要的条件：光照和温差。

褚时健还在玉溪卷烟厂工作时，贵州一位领导向褚时健询问种植烟草的秘诀："老褚你可不要保守，要帮助我们把贵州的烟厂搞得和玉溪卷烟厂一样好。"褚时健嘿嘿一笑，告诉他："领导，我帮不了这个忙啊。"领导从没见过这么直截了当的企业家，但并不生气，只是很诧异地问为什么。褚时健略带自豪地说："贵州日照时间没有云南长，昼夜温差也没有云南大。光照和温差是优质烟叶生长的必要条件。你看贵州，虽然天晴却多雾，从早上起雾，一直到下午三四点才见太阳，两个小时不到，雾又起来了。贵州的烟叶在品质方面肯定比不上云南的。"这位领导听了之后有些沮丧:"那有没有什么解决办法呢?"褚时健开玩笑说:"你不能把云南的太阳搬过去,除非有个人造太阳。"

从昆明坐车到玉溪新平县的褚橙庄园,海拔从近2000米下降到大约900米。昆明素有"春城"的美誉,但是这个名字如果给哀牢山,就不合适。

"好热啊,这儿的太阳真大!"这是我几位学生在2022年7月第一次到庄园时发出的感叹。晚饭后,晚上六点半的庄园,太阳还挂在山顶,将能量注进万亩橙园。晚上七点半,夕阳才稍微收敛了锋芒。如果你想在这个时间点在橙园散步,最好还是戴上宽边的草帽。

每个月,褚氏农业都会对果园进行两次生产检查。我带领学生们在褚橙庄园调研期间,刚好遇到一次对作业区的检查,我们也被邀请参与。我们团队里有女生,在出发的前一天晚饭时,褚一斌还特地提醒女生要涂好防晒霜。

第二日早上六点半出发,到约上午十点半上半场收工,我们跟着褚一斌和作业长们一路参与检查。团队里每个人都戴上了大帽檐的草帽,涂好了防晒霜,长袖长裤。天公作美,太阳并没有像我们想象中毒辣,被乌云遮住了大半。在作业区检查到一半时,有的地方还下起了小雨,颇有唐代诗人皎然诗中所写的"一片雨,山半晴。长风吹落西山上,满树萧萧心耳清"的美好景致。然而就是在这样的环境中,我们团队中的陈晨还是把脸晒伤了。尽管事后又涂抹了很多药物,但左右对称的两片"高原红"还是跟了她好几天。

虽然强烈紫外线和超长的日照时间对我们的皮肤并不友好，但是它们对于褚橙的生长却至关重要。

褚橙的生长基地位于南亚热带过渡的干热河谷地带，因此光、温度、水充足。这里的年平均气温为 21℃～23℃，年积温大于等于 7500℃。更重要的是，这里的年日照时数足足有 1800～2200 小时。这种得天独厚的气候条件，无疑为褚橙的成功奠定了基础。与此相对比，作为冰糖橙原产地的湖南洪江市，年平均气温是 15℃～23℃，而年日照时数不足 1415 小时。

充足的阳光、较大的温差能保证橙子中的糖分积累。背后的原因很简单：白天如果温度高、光照强，光合作用就会强，橙子中会合成大量的糖类物质；到了夜晚，光合作用停止，果实的"呼吸"会消耗糖类物质，但低温会抑制相关酶的活性，从而抑制糖类物质的消耗，使橙子中积累大量的糖分。这就是在与哀牢山其他条件类似但光照不够或者温差较小的地区种出来的橙子不如褚橙甜的重要原因之一。

不仅如此，光照还可以大大提高氮肥的利用率。借助充足的光照，褚橙基地的施肥量要比其他地方少得多，在保证植株营养充分的情况下，也使果实更加绿色有机。

由于哀牢山有充足的光热资源，褚橙果实个头都比较大，直径可以达到 5.5～8.1 厘米，而原产地湖南的冰糖橙直径一般只有 6 厘米左右，在褚橙选果厂只能位列"等外果"，也就是不合格产品。

这里的气候条件不仅使得冰糖橙产量高、果品好，更使得这里种植的冰糖橙比其他省份以及云南其他地区的冰糖橙更早成熟。褚橙通常在11月初开始采摘。同样是云南省的柑橘大县华宁县的冰糖橙摘果时间则要晚上十几天，而湖南的大多数冰糖橙要在12月以后才能正式上市。正是因为这一个多月的时间差，褚橙在冰糖橙市场上并没有太多的竞争对手。

事实上，褚一斌在选择自己的"战场"时，对土地环境的挑剔也不亚于他父亲。龙陵基地所在的勐糯镇，年平均降水量1200～1700毫米，正是冰糖橙最需要的降水量。而且为了科学选择基地，褚一斌还邀请农业方面的专家一起参与数据的测量和分析。综合考虑之下，才选定种植从老基地培育出来的冰糖橙树苗。

如今龙陵基地的云冠橙品质一年超过一年，以事实证明了褚一斌当初选择的正确性。跟新平老基地的一些作业长和农户聊起云冠橙这几年稳步提升的品质时，很多人有很大的压力，担心自己的橙子有一天会被云冠橙超越。

土地流转是件技术活

位于云南省西部的保山市龙陵县勐糯镇，就是褚一斌建立的龙陵基地所在地，也是傣族的聚居地。公元前5世纪，这里曾建立过一个小国，取名"哀牢国"。公元69年，哀牢国归附汉朝，今天的龙陵县就是当年的永昌郡哀牢县。

如此看来，褚时健、褚一斌父子二人选择的基地虽相隔千里，却因为"哀牢"二字紧紧联系在一起。

如果在 2014 年之前的夏秋季节前往勐糯镇，一路上可以看到漫山遍野绿油油的甘蔗。这里的农民世世代代以种甘蔗为生，靠天吃饭，种下的作物无论多么细心照料，只消天气无常地变化便能让收成无情地消减。勐糯镇这个地方的甘蔗，每亩地只能产出三四吨，除去农资、人工费等开销外，每吨甘蔗纯利润只有 100 多元，每个农户平均一年的净收入顶多也就 1 万元左右。

2014 年，听说褚时健的儿子有意在勐糯镇开发果园种植基地时，镇政府乃至县政府都表现出了极大的诚意。龙陵基地当初的"开路先锋"刘勋说："在龙陵基地最麻烦的开发前期，我都没有去过一次县政府，经常是他们主动来协调解决问题。"

规模化的水果种植必然需要大面积的土地，需要把当地农民手中的土地租过来，实现土地流转。这是种橙前最为艰难的一件事情，当年褚一斌放弃镇沅基地还有一个重要原因，就是前期土地流转工作一直推进不顺。

褚氏农业团队在以往的经验中发现，农户们因为长期以来聚族而居，相依相帮，形成了一种古老而和谐的人伦关系，这一点与城市中住在对面却不相识的情况差别极大。在农村工作中，往往是威望比较高的一家发话了，其他家基本上都会跟着走。还有，那些读书考出去后在城里工作的人，在乡亲们眼里他们说的话会很有分量。基于这些特点，褚氏农业的工作人员采取了一个聪明的办法：在当地政府的帮助下，将所有从这个地方读书考出去的优秀代表都请回来，让他们了解褚氏农业今后在这里的发展规划，以及对当地经济的好处。在他们认同后,就给每五六十户安排三五个回乡代表,帮助褚氏农业的员工一起做土地流转工作。

除此之外,褚氏农业还采取了让农户代表去老基地参观的方法,进一步增强他们的信心。褚一斌虽然之前从来没有跟农民打过交道,但他相信别人的千言万语不如自己亲眼所见。"让他们自己参观,到了以后让他们直接和老基地的农户交流,了解当地农户的收入变化。"褚一斌笑了笑说,"龙陵基地的这些农民兄弟,他们在当地种的甘蔗,由于不懂科学的种植方法,基本上没赚什么钱。我们当时甚至直接告诉他们:'你们种甘蔗劳累一年的收入都没有我们给你们的租金的一半多。'"看完老基地的情况以后,龙陵基地农户代表的积极性进一步被调动起来了。特别是一些在当地有威望的农户,种橙子的想法渐渐在他们的脑海中生根发芽。

在这些人的带动下,乡亲们很快就意识到应该与褚氏农业专门在龙陵成立的"龙陵恒冠泰达农业发展有限公司"签约。

但到真正交付土地的时候,工作团队又遇到了一些麻烦。因为需要面对的农户数量太多,让整合工作变得非常复杂,部分农户甚至漫天要价。如果再涉及坟地搬迁问题、土地附着物补偿问题,难度更会陡增。加上一些土地流转过程中的小摩擦,有几个村子在最后签合同的时候也没有一开始时那么配合。

有一天,乡政府的几个干部跟着刘勋一行人一起到一个村跟农户们签合同。干部们在台上说了半天,从暮色讲到夜色。纵使讲了千般好处,承诺了诸多实惠,书记也带头签字了,但农户们依旧你看我,我看你,谁都不签字。刘勋一看大家都不为所动,心想:"完蛋了,今天晚上可能一点效果都没有,农户们听着没感觉啊。"

就在这个时候,一个皮肤黝黑、身着民族服饰的中年妇女起身说:"老板,都那么晚了,搞点东西吃行不行?"刘勋一拍桌子应了下来:"我去把小卖部所有吃的东西和酒都搬过来,大家爱怎么吃就怎么吃,好不好?"大家听到这话,纷纷叫好,气氛也跟着活跃起来。

刘勋买来4箱啤酒堆在桌子旁边,很快台下就出现了第一个"吃螃蟹"的人,大家互相给个台阶,所有人也就稀里哗啦地签完了。

现代作家周立波在《暴风骤雨》一书中写道:"中国老百姓,特别是住在分散的农村……常常要在你跟他们混熟以后,跟你有了感情,随便唠嗑时,才会相信你,才会透露他们的心事,说出掏心掏肺的话来。"依靠土地过活的人,他们的思想不复杂,看问题也很明朗,而少数民族更是多了一份豪爽。他们觉得:"你跟我喝酒,那就要喝到大家成为朋友。"那天大家都喝了很多酒,酒酣耳热之际也都成了朋友,朋友之间自然能畅所欲言。

在与政府高效配合以及与农户们真诚沟通后,龙陵基地第一期流转的土地共8700亩,土地流转工作在一个月的时间内就全部办理完毕。

在如何付给农户租金的问题上,公司上下进行了广泛的讨论。最终,公司决定采取分期给农户付租金的方式:土地租赁周期为三十年,五年付一次租金。褚一斌的理由是:"我们的农民兄弟往往对资金使用缺乏规划性，如果突然得到一笔巨款，他可能打两年麻将就给输光了。"如果采取 5 年付一次的方式，农户们就不会有那种"暴发户"的心态，细水长流，在公司的带动下，他们会稳步实现收入的增长。对企业来说，如果是一次性付租金，实际上也就是一锤子买卖。而 5 年付一次，自然而然就变成了真正的长期合作，因为农户们会考虑 5 年之后还要从公司获得租金，如果公司在当地做得不好，就可能会影响下一次的租金支付，因此他们在这 5 年中会非常配合公司的工作，甚至会主动保护土地。

但当执行的时候，遭到不少农户的反对。因为过去的一些企业经营能力低下，两三年就破产了，或者在经营期间出现拖欠农户租金等不诚信行为，造成了农户的损失，因此农户们对外来的企业抱有十分强的戒备心。

最终，褚氏农业没有辜负脚下的这片土地，土地也没有辜负认真劳作的农户们。如今不管是龙陵基地还是老基地，风光依旧，人们脸上也多了以往少见的笑容。正如褚一斌所说："我们企业踏踏实实做事，没有对不起这块土地，也没有对不起这些农民兄弟！"

果园的网

第一次开车上哀牢山老基地时，还没来得及欣赏周围的山色，我们就已经被九曲十八弯的山路绕得头晕。一个 90 度的小弯刚开过去，下一个迎接你的很可能就是180度的大弯。如果对这儿的山路不熟悉，那么独自开车会十分危险。很多外地过来的老司机，也经常把车开到田间、沟里。即便如此，这种路在重峦叠嶂中能修出来也已经十分不易。

　　修路，是打通果园"大动脉"的第一步。只有将路修好，农资、农具才能被顺利运到果园。等到秋冬采摘期，也只有通过果园的路才能将成熟的橙子运往全国各地。除了这些蜿蜒的"大动脉"，果园中还有很多供水和肥料流动的沟渠，以及种植果树的一层层台面。这些连起来，就像是果园中一张密密麻麻的网，将整个果园连接起来并激活，使之成为一个生命体。

　　走在基地的果园网中，遥想当年初期建设时的情景，不禁感慨万千。

　　在二十年前，几乎整个云南省的农业用地都靠人工挖，连拖拉机都少见。在大理那样相对发达的地区可能有拖拉机，但在新平的乡下是绝对见不到的。即便是近些年，由于云南省山地众多，主要农作物综合机械化率也仅有50%，远低于全国平均水平。但在二十年前，褚时健就将挖地机开到了山上，用机械化的方式对土地进行深挖改造。

　　在把挖地机开到山上前，褚时健做了一个大胆的举动。云南传统的果树种植是"三大"，即大沟、大苗、大肥。先挖出1米深、1米宽的定植沟，然后在沟里放入有机肥，之后放草、回填，然后在上面种树。但这种传统做法太耗费时间，褚时健决定换一种方式：用挖地机直接把山地改成台地，然后定点深挖。深挖后，再用人工改地，底肥放浅一点，这样效率会高得多。

新平老基地鸟瞰图

经现代机械改造过的哀牢山中的基地很快有了果园的概貌，山地变成了台地。以前3000棵老果树所在的果园也进行了深翻，改变了以往板结的土壤结构。

有了老基地的成功经验，褚一斌在开发龙陵基地时更加有把握，而且要求也更高。褚一斌没有单纯地模仿老基地的建设，而是在理解性学习的基础上建设符合要求的新基地。比如台面宽度，老基地是1.5米，但在果树长大后发现，植株间距太小，所以褚一斌给龙陵基地下的死命令是台面宽度最少也要2.5米。"老爷子干的事情，很多人都觉得照着学就行了，他做的就是不可突破的。但是老爷子自己其实也在改变，是不是？"这一点也被褚时健所认可，他在第二次视察龙陵基地的时候露出了肯定的表情："你们这种搞法是对的。"

但那个时候的开发工作确实有一定的难度。一是因为新基地的面积很大,而且时间很紧;二是因为开发基地的都是一些新人,基本上就靠两三个有经验的老师傅带着。"我们把土地拿到手是在2014年4月,这意味着那时它还是荒山,很多地里种的甘蔗都还没收。基本上是甘蔗收一片,我们动一片。全部一下子铺开,几十台挖地机在工作。"龙陵基地的"开路先锋"刘勋回忆道。

对龙陵基地的未来,褚一斌是想朝着农业半机械化的方向走。先做好果园的前瞻性规划,再根据工具的进步程度慢慢稳步实现。要想改变老基地全靠人工作业的现状,使拖拉机这类农用机械能深入各个作业区,那么道路规划就必须非常完善。在这个大前提下,龙陵基地修了非常多的作业道,整体布局更利于现代化作业。未来如果再建设新的基地或者托管基地,龙陵基地的模式相对更容易推广。

褚一斌之所以有这样的想法,是因为他看到了新平老基地一些现实的情况。新平老基地有几个作业区的坡度很大,差不多可以达到35度。到了橙子的采摘季节,农户要背着25千克左右的橙子从果树边走到可以行车的果园道路上,体力好一点的要背近40千克。在月度生产检查的时候,我们曾跟着褚一斌和作业长巡查作业区。当时我们身上什么都没有背,我的学生熊靖茹居然还摔倒了几次,一路战战兢兢说恐高。如果农户在那种坡度的作业区背着25千克以上的橙子向上走或者向下走,可想而知是一件非常艰难的事。

作为现在龙陵基地攻坚小组的主要成员,郭海东介绍说:

"现在龙陵基地按照褚总当初的设想,实际上是所有作业道都能通车了。目前好多地块开沟都是用小型机器来操作的。大多事情是小型机器来做,做完以后人工清理一下,差不多就成型了。像我们这次挖排水沟,有好多就是机械操作的。冬季我们施冬肥的时候,也是可以机械操作的。采果时,因为我们的作业道非常多,采下来的果子背到地边就可以了。但老基地那边的作业道非常窄,必须背到能通车的地方,比如主路上。这边的地块施肥半径不会超过30米,大多数是25～30米,以最中间那个点为中心,差不多30米就到作业道了。"

之所以考虑未来采用半机械化作业,褚一斌是担心随着老一代农户不能下地,年轻人越来越不愿意钻到果园里,加之人口出生率的下降,如果不提前布局,未来可能会面临劳动力短缺的问题。

当然,龙陵基地的道路规划并非一开始就很完善,中间也

龙陵基地的果园网

经历了不少的曲折和摸索。在开发龙陵基地二期作业区的时候，褚一斌提出铺设道路的面积一定要留出来，至少保证95%的道路是能够通过拖拉机的，但在这种情况下土地利用率就会降低。另外在道路的铺设方面，一开始老师傅们的想法是从山下往山上修直路，这样距离短，也省成本。但如果在山上纵向修的路直，坡就会大，行车就很危险，而且很多地方会没有路，想把采摘好的果子运出来也困难。

但从尊重老师傅经验的角度，褚一斌还是建议按照他们的办法先试试，只是并不全面展开。这几乎是褚一斌做很多事情的原则：先小范围试验再展开，避免带来系统性风险。

后来在开发的过程中，事实证明老师傅们的想法是行不通的，好多地方不通车，效率很低。所以在干到1/3的时候，褚一斌就下令把树挖掉，对道路做了调整。果园中的道路不论是笔直的，还是歪七扭八绕路的，只要修得最终能通车就好。

当代法国存在主义哲学家萨特曾言："如果试图改变一些东西，首先应该接受许多东西。"褚一斌正在做的事情之一，就是带领老师傅们去接受新的东西。

水果水果，无水不果

"水果水果，无水不果"，这是褚时健经常挂在嘴边的一句话。

水果是要靠水来养的，水量的充沛和水质的优良是成就一个好橙子的关键，对果园水利的规划也是摆脱"靠天吃饭"的重要一步。水利设施建设是褚氏农业持续在做的事情，在公司的账面上永远有一笔钱是为每年的水利设施建设准备的。

在新平老基地的当地人口中，有句话是："哀牢山山有多高，水就有多高。"但根据褚时健自己的观察，这句话并不靠谱。为了搞清楚真实的情况，上山下河，摸排调研，褚时健让司机带着他跑遍了戛洒与水塘交界地段的沟沟坎坎，没有路的地方就爬山。

经过一段时间的实地考察，褚时健发现实际情况和之前流传的完全不同。果园所在的这两个山头，历来没有充足的水源，这是造成之前在这里种甘蔗产量低、土壤板结的主要原因。要想在这里建立大型的果品生产基地，首先必须解决水的问题。

果园附近有两条河流过：硬梁寨子下面是戛洒江，新梁寨子后面是棉花河。既然有江河在下面，为什么不能将江河的水引过来灌溉？为此，褚时健花了好几个月的时间考察这两条江河，尘里来土里去，几乎累倒。最终综合所有的数据说明了一个问题：两条江河的水量并没有预想中的那么充沛。

褚时健转而把视线投向了对面山头的南恩瀑布以及瀑布下的南恩河。南恩瀑布是一个瀑布群，水源来自哀牢山深处的原始森林，没有污染，水量充沛而稳定。

褚时健决定，把南恩河作为果园的水源，架设水管引水到果园。

让褚时健决定花大成本在果园架设水管的，还有当年的一场特大暴雨。

天空像是被捅开了一个大窟窿,瞬间大雨滂沱,狂泻而下,暴雨引发了哀牢山中的一场严重的泥石流灾害。褚时健不由得担心起他的果树来。果不其然,泥石流还冲毁了公路、沟渠、涵洞和桥梁。这场暴雨冲坏了果园的部分灌溉系统,数万棵果树的生命遭到了威胁。

要想维持灌溉系统正常运转,整个基地就需要架设四根水管引水,但每根水管都造价不菲。一根水管造价大几十万,那时候筹资有很大困难。因此褚时健打算架设水管时,有很多人站出来反对,但褚时健坚持要架设水管。褚时健一横眉,一竖眼,他定下来的事情就一定要做。在他的眼中,为水利设施建设花的钱永远都不算多。

褚时健举债投入了138万元,从南恩瀑布架设了两根水管到果园,总长18.6千米。这样的投入在当时的中国农业种植界绝无仅有,但这种付出无疑是值得的:架设好水管后,果园可以一周就彻底浇一次水,而且是来自原始森林的清冽之水,人都可以直接饮用。这对当时从事果树种植的大多数企业来说,根本不可能做到。

为保证水源,褚时健还就近从棉花河引了一根水管到果园,且把水管沿途经过的较大一点的鱼塘全部承包下来,把鱼塘变为蓄水池,雨季蓄水,旱季供水。这样在每年三四月份,当地进入旱季时,果园的浇灌也能得到保证。

为了让果园有充足的水量供应,褚时健还前前后后修建了20个小水坝。按照他的计划,在果园的不同方位要建数量不等的蓄水池，每个蓄水池的蓄水量起码要达到50万立方米。这个数字还只是针对前期的果园面积而言，如果继续扩大种植规模，这个蓄水量显然达不到他的要求，也就意味着水利设施建设是一件持续的事情。在2002—2012年这十年里，褚时健总共投入了近1400万元去修建蓄水池，而那时果园还没有开始赚钱。在外人看来，这未免有些大动干戈，但褚时健知道，和老天爷打交道，不能有半点侥幸，要把事情想在前面。

果不其然，云南在2009年遭遇百年不遇的旱灾，农作物大幅减产。哀牢山中的旱情同样严重，新梁寨子脚下，棉花河已经接近干涸。硬梁寨子下，戛洒江宽阔的江面缩成了一条小河，裸露出大片的滩地。这时正值果树挂果、固果的关键时期，当时有人建议加一个水管保障果树的供水量。褚时健问他一根水管要多少钱，对方说得100多万，褚时健二话不说，立刻批了这笔钱，购置了抽水设备，将戛洒江水引上350米高的山头。再加上褚时健平时蓄的水，能够让基地用100天，情况比同地区的其他果园要好很多。

解决水的问题，也是当时龙陵基地建设的一个重头戏，褚一斌对水利管网的投入也相当大。尽管龙陵基地的降水量根据数据测试能基本满足果树的生长，但褚一斌深知不能靠天吃饭，对水利规划的问题，必须像父亲一样提前考虑。

当年放弃镇沅基地，其实也涉及水源的问题——交通不便，水管只能运到附近的柏油路上。说是附近，其实从柏油路到村委会有9千米，从村委会到果园所在的那个区域还有6千米，

新平老基地山头上的自建蓄水池

前后有 15 千米的路程，都没办法靠车子运输。有了镇沅基地案例在前，褚一斌在龙陵建基地时就多了一份考虑。

龙陵县政府跟褚氏农业签约保证每年的给水量，并负责把水引到制高点的坝塘，褚氏农业负责架设所有从坝塘导出来的水管。这些水管会架到园区的每一棵树下，因此整个水利设施的前期投入非常大，有 4000 万～5000 万元，是基地改造中耗资最大的一项。

耗资巨大的原因在于前期架设的水管非常多，整个园区架设的水管加起来有几百千米，而且所购水管全都是镀锌的，质量非常好，为的就是"可以用三十年"（果园用地租赁期为三十年）。

光有政府从水源基地供水的承诺还远远不够稳妥，当水源充足的时候，没什么问题，一旦水源枯竭就很麻烦。褚一斌认为还必须要有自建的完全属于基地的水源。与他父亲一样，褚一斌又与团队考虑建坝塘作为蓄水池。

当褚时健第三次来龙陵基地视察的时候，人虽然还坐在车上，但一眼看到了那些建成的坝塘，他点了点头，颇为欣慰地说："你们这样搞是对的，成本低，容量大。"

水源充足自然是好事，但一旦超过红线，就过犹不及了，雨水多了也会影响冰糖橙的口感。"为什么雨水多会影响橙子的口感？"褚一斌指着眼前的杯子，说道："这跟泡茶是一个道理，不断冲泡之后，茶味会越来越淡。"

这个问题，在2022年种植期内就是一个需要攻克的难题。往年最迟的时候，夏洒地区7月才开始下雨，但2022年3月就开始有"透雨"，4月开始几乎天天下雨。6月的实验室数据显示，当月平均气温比2021年同期低了2.2℃，月平均湿度比2021年同期增加了11.4%。

气候的异常，让褚一斌开始着急，他拉着老师傅们一起开了好几次会，最后商定了应对的措施：第一是管控水，通过提前挖掘排水沟等方法让树苗根部的水位下降，以避免积水后烂根；第二是增加叶面肥的使用量，因为雨量过大，地表的一些营养元素容易流失——叶面肥喷施后吸收很快，可以在很大程度上避免营养元素流失；第三是施肥的频率也要相应提高，因为2021年的产量比较大，树体营养元素损耗大，要保证今年树能够"吃得饱"，否则结不出好果子。

通过这一系列的措施，几个作业长跟我说，2022年的品质肯定不会差，这多亏了这些年积累下来的宝贵经验。

建立自己的种苗基因库

古代中国的柑橘是我国及世界柑橘的原始基因库。我国柑橘种植已有四千多年的历史,古籍《尚书·禹贡》中就有我国的东南沿海地区将柑橘作为贡税之物的记载。

"他们应该也没想到湖南的冰糖橙被我们拿到云南,能长得这么好。"褚一斌笑着说。即便如此,褚一斌还是觉得冰糖橙有继续优化的空间,在稳固现有优良基因的基础上,可以进一步提升品种的优势,为此褚氏农业专门成立了种苗中心。褚一斌认为,一个品种在某种自然条件下体现出某种特质,是偶然的,而他想要做的正是化这种"偶然"为"必然"。

种苗中心的布局其实在褚时健时期就已经初见端倪。起初,褚时健在建设新平老基地的时候,第一批种苗都是从专门研究冰糖橙的华宁牛山柑桔实验场引进的。不过,褚时健发现从外地采买来的种苗损耗比较大,褚橙需要集群育苗。

为了果园的规模化扩张,2011年褚时健就在新平老基地金厂作业区建立了育苗中心。当时育苗是为了公司内部使用,并不外卖。新平老基地生产副主管谢官付回忆说:"当时从外面采买很难买到这么大数量的种苗,病虫害风险也很难管控,再加上我们的果树已经被市场认可,用我们自己的果树育苗比较放心,种出来的橙子品质有较好的一致性。"

但当时的育苗中心,在化"偶然"为"必然"这样艰巨的任务前还是稍显稚嫩。

于是，在2019年，褚氏农业联合中国工程院邓秀新院士、中国农业科学院柑桔研究所、云南农业大学等机构，由邓秀新院士牵头正式建立柑橘种苗中心。目前种苗中心位于新平县平甸乡梭克村，园区一共占地103亩。选择这里的主要原因有两个：一是水源充足，靠近梭克河，可以保证种苗中心的灌溉需要；二是安全，周边没有种柑橘的农户，保证了种苗的绝对无污染。园区内部高度数字化，施肥、灌溉可以全部通过一套系统来解决。肥料配好之后，农户们可以直接在手机上用App来控制施肥，灌溉用水直接取自旁边的河水，经过净化后和肥料一起喷洒下去。

种苗中心有两个最重要的功能：第一个是育苗，为后期企业拓展做基础准备；第二个是品种观察和采穗，这里所有的树苗都是脱毒的优质品种。脱毒的意思就是利用生物技术措施，从感染病毒的植株中获得无病毒或极少有病毒侵染的种植苗木材料。

一般种苗培育有两种类型：一种是从小苗开始培育，长到五六十厘米就可以对外销售；另一种是培育大苗，种下去第二年就可以结果。目前褚氏农业主要采用第二种模式：从有品种知识产权的机构，如中国农业科学院柑桔研究所或者其他研究机构先购买好品种，然后自己再进行精心培育。说到农业产业与科研院所的合作现状，褚一斌说道："现在有很多农业大学、农业科研院所跟产业的融合度不够，但其实它们有大量的品种储备，只是价值没有被挖掘出来。我们的做法是以比较低的价格向它们每年支付一笔费用，付的这笔钱就相当于进它们的种苗仓库的门票。然后我们就去仓库里面找对它们而言不值钱，但是我们自己需要的东西。"

褚一斌的这种做法，就相当于大幅度缩短了寻找优质种苗的时间。

日本东京有一家名为千疋屋（Sembikiya）的水果店，被称作日本最贵的水果店，179年来只出售稀有、最完美的水果。它的经典产品皇后草莓（Queen Strawberry），12颗的售价高达人民币566元。当初千疋屋为了找到这个品种，在全日本可谓历尽了千辛万苦，最后终于在香川县找到了。而褚氏农业跟农业科研院所的合作无疑缩短了这种寻觅良种的时间，就像名牌高校到中学提前招生，他们只需要在当地最优秀的学校通过测验选拔几个尖子生就行了，而不用跑到每所学校打听他们最优秀的学生是谁，然后再把他们组织到一起测试。

品种观察和采穗也很好理解，就是在品种观察棚里，观察不同品种的种苗表现情况，比较它们哪一类长势最好，哪一类结的果子最好，在得到数据之后采下优秀种苗的芽，在育苗棚里进行嫁接。整个过程准确地讲，就是品种储备。其实这些品种，褚氏农业内部已经进行了筛选，对各个品种的优点、缺点都很清楚，有些品种的性状即使并不是很理想，但依旧被保留下来了，形成了一个基因库。如果以后有转基因育种、遗传育种或者杂交育种的需求，都可能会用到之前的"淘汰者"。

凡是在园区选育出来或者品种变异的种苗，知识产权都归属褚氏农业。虽然之前公司没有请专业机构做过品种的专利申请，但目前褚氏农业已经专门立项，请外部机构来辅助，做好品种专利的申请和保护工作。

一个好品种的推广，后续的影响可以持续数十年，不仅会给公司带来经济效益，同时也能帮助公司真正形成核心竞争力。"我们云南的鲜花饼最有代表性。它的市场占有率很高，但是最后获利很低，为什么？它的成本当中，大概有50%是用于购买知识产权，也就是种子专利使用权的。"

好品种的鲜花种子大部分都在荷兰、以色列，所以每次大家买鲜花饼都会付钱给它们国家的企业。就是这个问题。显然，褚一斌并不希望自己以后种的水果都要分一半的利润给别的企业。

随着种子知识产权意识的逐渐增强，所有国家都在对"土贼的镰刀"严防死守。国外对优良品种的出口和引进控制得十分严格。2021年，日本开始实施《种苗法》修订草案，列出近2000种禁止带出日本的种苗的名单，违反者最高可判刑10年。水果的卡脖子不是耸人听闻。在很长一段时间内，国外的蓝莓对中国封锁，有钱也买不到种子。蓝莓在国外已经有百年的历史，美国、加拿大等地对蓝莓的研究十分成熟。国内的蓝莓种植基本是购置国外的小苗进行繁育，在自主创新上没有太多竞争力可言。

2021财年，新西兰品牌佳沛全球营收达到166.59亿人民币，总收入达181.02亿元，拿下了全球33%的猕猴桃市场。佳沛的猕猴桃卖10元一个，国产猕猴桃卖20元一千克也卖不出去。这一幕场景深深刺痛了新时代中国农业从业者褚一斌的自尊心，他自嘲道："我们应该庆幸的一点是，新西兰人也好，欧洲人也好，当时没有把冰糖橙的专利拿过去。"

望向窗外的橙林，当年只有拇指粗细的树苗，如今已亭亭如盖。"不要让澳洲人、新西兰人在十年、二十年以后拿着一颗冰糖橙回来,把我们中国的中高端市场给占领了。"让如今尚在培育中的冰糖橙树苗,未来能够继续笑傲整个市场,我想这就是褚一斌建立种苗中心的主要意义之一。

林子不大,什么果树都有

"你们有人喜欢吃榴梿吗?一会儿让人从冰柜里拿一些出来吃。"

"这个桃子你们可能没见过,我也是在镇上的菜市场偶然发现的,比水蜜桃还甜,你们尝尝。"

"这个是刚从海南快递来的新鲜杧果,尝尝味道如何。"

……………

在褚橙庄园的日子里,我和我的学生们经常被褚一斌邀请在他的办公室品鉴各种水果。他的办公室里总是不缺来自全国各地的各种水果,因此被大家戏称为"百果园"。

褚一斌之所以要频繁试吃各种水果,就是想从这些水果里挑选出一些优质的品种拓展褚氏农业的品类。未来冰糖橙市场的不确定性,以及冰糖橙的季节一过,褚橙官方旗舰店就空无一物的尴尬,让褚一斌开始思考褚氏农业未来的版图。

农业是一个极具风险的行业。有着多年投资背景的褚一斌,他的风险意识比大部分纯粹从事农业的管理者要强得多。投资者讲究资产配置和长期投资。在对品种的选择上,褚一斌不会把所有鸡蛋都放在一个篮子里，而是会择优组合，降低投资风险，把握更多的投资机会。另外，熟悉金融市场的朋友应该知道，投资股票型基金，至少要做好投资三年以上的准备。对没有把握在现阶段一定产生收益的项目，褚一斌不会轻易介入。

未来的褚氏农业将仍然把冰糖橙当作一个核心业务去做，但是一旦冰糖橙整体市场出现问题，褚一斌希望公司有其他品种可以补上来。而且这些能补上来的品种，必然也是最具优势的水果品类。"我给自己定了一个任务，多做几个褚橙这样的产品。"褚一斌说不能躺在老英雄身上吃老本，这是他对自己的要求。

褚一斌介绍说，水果行业的国际知名品牌佳沛和新西兰皇家植物与食品研究院（PFR）签订了协议，计划联合开发奇异果新品种，这是世界上最大的奇异果育种计划。它们每年的研发投入超过3500万新西兰元（合1.45亿人民币），其中约2000万新西兰元被用于新品种开发。除了口感，研发的方向还有稳定性、抗病性、耐储藏性。在过去长达三十年的合作期内，佳沛和PFR成功培育了许多新品种，如佳沛阳光金果（Zespri SunGold Kiwifruit）和佳沛红果（Zespri Red），然后马上就把它们注册成专利进行垄断。

"它们每年有1.45亿元的研发费用，而褚氏农业每年只有500万元的研发费用。我们必须持续不断地加大研发投入，直到某一天我们能与之抗衡。"褚一斌想要做的就是在能够承受的最大风险下，不断拓宽现有的边界。

2016年，褚一斌在陇川基地就专门划出了一块10多亩的试验田。结合陇川近几年的降水量和光照情况，专家通过实地考察推荐了一些高端特色水果品种。这些新品种包括蓝莓、牛油果、猕猴桃、柚子、杧果、荔枝、番荔枝。"首先，面对一个新的区域，我们要通过试种去找到哪一个品种是最适应当地气候环境的。当时二十几个品种，同时在一个地方种下去了。"褚一斌说。褚氏农业已经做了几十种品类储备，希望通过多年的试验，筛选适合本地气候、土壤条件的品种推向市场，打造新的品牌。

为了完成逐步往前走的目标，2018年，褚一斌在云南澄江市阳宗镇的梁王山建设了一个200多亩的苹果品种观察试种的基地。梁王山距离昆明市区、宜良县、澄江市差不多都是40公里。在这里，珊夏、红露、嘎啦、早富1号、烟富3号、烟富10号等苹果品种，以矮化密植和乔化种植的模式栽种着。经过几年的培育，到2021年，开始陆续挂果。由于品种不一样，从8月到10月，这里的苹果会陆续成熟。2022年9月初，褚一斌特地让助理给我快递了两箱梁王山的苹果。我吃后发现，梁王山苹果的口感比我在很多超市买到的苹果要好不少。

2019年6月24日，以色列农业科学家马荣·索福来到哀牢山与褚一斌进行交流，马荣·索福特地强调试验对农业种植来说"不是很重要，而是最重要"。根据他的介绍，在以色列，每一个种植户都有试验区域，种植户在技术人员的指导下进行试验，以获得最适合自己园区气候、土壤环境的种植方案，再大规模应用于农业生产。

对此,褚一斌表示非常同意。他认为,尽管褚氏农业旗下的产品已经在行业内有了一定的影响力,但他对很多事情并没有完全摸清楚背后的原因,还需要通过试验进一步去探索。他举例说,褚橙的香味出类拔萃,可是究竟是什么原因造就这种味道,如何保持,还有待研究。

"到现在,褚氏农业试验田里的各种温带作物,还没有一种可以产生收入,但我认为这个投入是必要的。"褚一斌认真对比了国际水果行业中的几个大的品牌,发现它们的优质水果品种都经过百年的沉淀,才最终形成了自己的核心竞争力。现在褚氏农业面对着已经有百年储备的竞争者,在不对等的状态下参与竞争,一方面要以现有的高品质产品迎战,另一方面也要为十年、二十年后的未来打好基础。褚氏农业能不能在将来跟它们在同一起跑线上竞争,要看今天所做的所有努力成效如何。

以色列有句谚语说得好:"慢一点走向成功,总比走太快跌倒要好。"试验的过程虽然漫长,但获得的经验和数据更为宝贵。未来,当我们进入褚橙官方旗舰店的时候,无论身处哪个季节,我们都一定会找到一些当季的高品质水果。

第三章

把果树当人看

- 建立基地实验室,让每棵树都有"档案"可查,实现用数据指导农业生产。

- 科学的果树行距、间距是保障高品质水果生长的重要条件。褚时健决定,果树间距必须达到3米,不到3米的一律砍掉。

- 让橙树起死回生的独家科学修剪原则:"三稀三密"剪冬枝,即"上稀下密、外稀内密、大(枝)稀小(枝)密"。

- 视果树为生命体,对它们有着近乎家人的关爱。褚橙的口感之所以比别的橙子好,核心还是在管理细节上执行到位。

- ……………

在褚氏农业,有句话叫"每一棵果树都是一个生命",大家像关心人一样去关心每一棵果树,什么时候果树渴了(需浇水)、饿了(需施肥)、营养不良了(需保持养分均衡)、生病了(需除病虫害),甚至打架了(需间伐),都要精心去处理。褚氏农业田间管理的精细化程度,已然是中国种植行业的典范。

一道之隔,天壤之别

初到褚氏农业的橙园,我们只是觉得果树都长得不错,但对到底如何不错却没有清晰的认知。直到我们参与了一次生产检查,看到一条作业道另外一边的橙园,才知道了什么叫"没有对比,就没有伤害"。

这条道两边都种橙树,但树的状态却截然不同:褚氏农业种的橙树整体树冠统一,叶子深绿健康,果实累累;另一边种的橙树,树冠大小参差不齐,产果量和果子大小与褚氏农业这边完全不可相提并论,而且树叶发黄,被病虫害侵袭严重。打个不太恰当的比方，褚氏农业的橙树就像是即将赴晚宴的绅士，而另外一边的橙树则像是在街头待了数月的流浪汉。

站在哀牢山顶遥望山腹的橙园，也能发现类似的现象：褚氏农业作业区的橙树呈现出一片茂密的绿色，树冠整齐粗壮，枝叶茂密；相邻公司的橙树却稀稀疏疏，种植间距大小不一，树的长势萎靡，看上去一副营养不良的样子。

同一座山，甚至是同一片区域，橙树为什么有这样巨大的差异呢？

对我们的问题，褚一斌的回答是："在我们这里，每棵果树都会得到园区农户的细心照料。很多精细化的护理流程，是一般农民，甚至企业都很难做到的。他们是'放养'，我们是'精养'。"

褚氏农业通过工业化理念来发展农业，就是要通过标准化流程降低农业生产中的随机性，通过规模化将成功经验快速应用到其他片区，通过产业化从上下游统一严格控制，确保果实的优异品质。一些中小种植户采用分散式经营的方式，自然无法发挥农业工业化的优势。

为保证稳定、优异的品质，即"每个果子都好吃""每年的果子都一样"，褚氏农业有许多严苛的工业标准。这些标准都是褚时健、褚一斌父子和团队通过一步一个脚印摸索得来的，并落实在每个种植流程之中。

在褚橙种植的初期，褚时健就一改传统农业凭经验种植的粗放模式，推行规模化、流程化、标准化、精细化的生产管理模式。褚时健要求对冰糖橙种植的每一个环节，都有详细的操

褚时健、褚一斌父子在果园

作方法、指标和相应的奖惩措施，并且列入每月的月度生产计划，按照节气，确定生产周期关键节点及对应的关键农事操作。

月度生产计划出来后，由作业长传达给农户们，并对农户们进行指导，监督大家按照规范执行。每个月，褚氏农业要进行两次生产检查，就是为了确保能够把农事标准生产做到位。

褚一斌接手后，不仅沿用了褚时健时期的标准化管理办法，还对管理标准进一步强化。他经常说："100减1等于多少？这道题小学生都会算。但在我们的系统里，100减1等于0。一个节气一年只有一次，农民一旦错过一个节气，一年就结束了。所以我们的田间操作一步都不能错。"

每个月的生产检查是褚一斌最关注的事情，他会拉上基地主管、技术主管和作业长前往各个作业区巡查。基地地处干热河谷，从3月份开始天气便热了起来，单次巡查时间基本在

3～3.5小时，褚一斌一天要跑上两次。炎炎烈日下，褚一斌和大家一样戴着草帽，穿着拖鞋，在果树间，仔细观察花、叶、果的生长情况，施肥沟的作业情况，以及有无虫害、病毒叶等问题。遇到有问题的地块，他会立刻拉上作业长一起讨论，记录下问题片区的位置，或用手机拍照，或将样本带回来让实验室检验。

在生产检查走访结束后，是褚氏农业例行的总结会。以前褚时健会拉上郭海东、刘洪、张伟、王学堂等作业长开小会，讨论走访时发现的问题以及下个月的生产计划。现在随着基地的整合，作业区不断增多，参与总结会的人也多了起来，一次总结会能开三四个小时。褚一斌总是很有耐心，也喜欢先听听大家的看法："各个作业区的问题自己说一下，大家再一起讨论一下遇到的这个问题怎么及时处理，下一阶段怎么来操作。"

一位年长的作业长说："和一斌总开总结会还挺有压力的，尽管他很少发脾气，但总是很喜欢提问，而且几乎每个人都要问到。这点跟褚老还是有点不一样，那时和褚老开会，人少，主要听他的指示，他说打哪儿我们就往哪儿冲。"

褚一斌后来解释说："论在田间管理的技巧，我不要说与这些经验丰富的作业长比，连老爷子我也比不过。我一个人考虑问题总会有遗漏，但我们开会把问题讨论透彻后再做决定，总能考虑到单独决策时想不到的地方。"

在会上，模范片区作业长分享自己片区的成功经验，大家在讨论后联合制订下个月的生产计划，各个片区明确了重点事项,然后生产部、作业长再安排农户们执行。如果发现有执行不到位的,还会有明确的惩罚措施。

公司内部也有相应的管理机制,比如通报机制、检查机制、考核机制等。对许多问题,可以做到提前发现、提前处理。不管是褚氏农业出品的褚橙还是云冠橙,产量和品质能得到保障,主要得益于这些过程中的严格执行。

这种规模化、流程化、精细化、标准化的田间管理模式,让其他冰糖橙种植基地都望尘莫及。

另外,在农业工业化的进程中,数据是精细化田间管理的重要依据。在种植过程中,褚时健、褚一斌父子都非常注重数据积累。早在2003年,新平老基地就建立了实验室,检测土壤、叶片、肥料等要素的成分,以便进行科学管理。这个实验室的建立,主要是与依靠主观经验的传统果树种植模式进行对比。基地给农户们下达的作业指标都是具体的、量化的,都是通过大量对比试验以及过往经验教训积淀而来的。依靠大量的数据积累和记录工作,工作人员可以方便地查阅每棵树的"档案",精确到每棵树是哪年种下的,从哪里来,之前有过什么疾病,从而精准诊断,对症下药。

从褚时健到褚一斌,褚氏农业通过两代人的探索,让"用数据指导农业生产"成为可能。近年来,褚一斌不断尝试将新兴技术和数据化思维运用在农事生产中,目前,褚氏农业已经和河海大学合作,尝试使用遥感技术采集数据,以期在未来能够将每棵橙树的数据电子化。在新平基地,褚氏农业也建立了一片"智慧农田",开始在小范围内将数据技术应用在实际农业中，通过手机应用软件，可以查看这块区域的橙树生长分析报告，还可以进行比较基础的滴灌和施肥操作。

懂天算，也要有人算

农业标准化说起来容易，做起来难。每一棵果树都是一个生命，怎么能把硬性的标准强加在独立的生命上呢？就像一对双胞胎，即使他们的家庭、教育环境完全一样，他们长大成人后也可能完全是两类人。传统的认知都认为，人算不如天算，农业种植是一个动态的过程，突如其来的天气变化会极大地影响农作物的状态，没有一个统一的模板。

要判断橙树的营养如何，一种方法是根据土壤测量及叶片测量等化验数据来判断，另一种方法是从叶片颜色和形态、花朵数量、新梢的密度和伸展度等方面来判断。后一种方法只有种橙人才懂。

在褚橙人的眼里，果树的枝条、叶片、树梢、果子的状态都是无声的语言。褚一斌在一次晨间跑步的时候告诉我："你去看清晨日出时候的树，那个时候树的状态是最明显的。如果叶片微微卷起，说明树缺水了，我们就要及时浇水。"

这些经验，是很难直接从书上学到的，必须通过长久和树相处，并细致观察才能发现。

在褚一斌看来，以往中国农业产业化做不好，主要是因为有两种极端的做法：一种是认为"人定胜天"，不尊重自然规律,自己爱怎么来就怎么来;另外一种是太依赖"天",忽略人在改造、修正物候时的能动性。而从褚时健到褚一斌这两代人的做法来看,他们一方面尊重自然规律,另一方面也重视人在物候动态变化中的作用。

在褚氏农业,种果树既讲究数据,也非常尊重老师傅的经验,采用的是刚性管理与弹性管理相结合的一种特殊的田间管理方式。

农业生产是一个动态的过程,每年都在动态地调整。比如要想让今年产量比去年增加 3000 吨,但今年树势比去年弱一些,老师傅们就要结合数据和经验,比去年多施一些根肥;又比如今年雨水稍多一些,为了防止积水,经验丰富的作业长们就要求农户们提前做沟,这样下大雨时能及时排水,同时还要增加叶面肥的使用量,补充地表流失的营养元素。

这些都无法硬性规定,只能进行弹性的动态调整。只有对每一年、每一个区域的每一棵果树,因时、因地、因事制宜,才能做到精细管理,真正做到让每一个橙子在生长的整个过程中都享受着褚橙人随时随地的关爱。

无论是褚时健还是褚一斌,都相信科学技术在种植行业中的作用,但不迷信现有的科学技术。每一个时代的科学都有局限性,到了下一个时代,这些科学可能就被证明是有严重局限性的。尤其是在农业领域,千万不能忽视老师傅们的经验的作用。对农业而言,实践远高于理论。

在褚时健刚开始种橙的时候,因为缺乏基础种橙知识,他更依赖书本。关于柑橘类水果的各种书籍他都会想方设法买来看，快速补充了基本营养学、病虫害方面的知识。但是他后来慢慢发现，书上关于肥料、剪枝、空间结构等方面的知识，又和实际的冰糖橙种植操作差异很大。

拿肥料举例，褚时健一开始也是去翻书，看一斤果子需要多少氮，然后再用数据反算氮磷钾的用量，以及其他有机肥的用量。但他最终发现这样算不对。这不单纯是一个按比例计算的问题。如果这样就能把果树种好，那人人都可以成为果树专家。最终褚时健发现，一棵橙树需要的肥料，不仅要看挂果量，还要看树枝的营养状况、看叶片的颜色，综合来制定施肥的量才会更加科学。

褚一斌曾让来自农业院校的技术人员设计过一个绿色的施肥方案，他们计算的结果是每亩的水溶氮应该是 20 千克，但他觉得这明显是错的。因为可以根据一亩地产多少果，来定单株施多少肥，这样算下来单株要用 250 克水溶氮，基本要用 1.5 千克复合肥。但是农户们平时施肥，用 0.2～0.3 千克就会觉得差不多，1.5 千克肯定太多了，所以书上写的和实际操作差异很大。

有时候采集叶片测氮磷钾等元素，会发现氮含量超标，但是根据叶片情况来看，可以发现肥料其实并不够。这是受气候影响的，因为叶片和根系的数据不一样。如果雨多，氮流失得快；如果干旱，氮会保持得更好一些。这也是动态的。

修剪枝也是类似的道理。原来修枝主要是为了剪掉干枯坏枝，所以只会适当地修一点，远没有现在修得那么狠。原来褚时健觉得，一棵树定 3 个主枝，如果每个主枝上有 9 个头，那么一共就有 27 个头。第二年每个头放 3 道梢，那么一共就有

81个枝。到了第三年，每个枝再放3道梢，就一共得到200多个枝，果子产量达到20千克没有一点问题。但事实并不是这样。后来经过摸索，褚时健才发现幼树不能伐枝梢，尽量让它自己成长。这样叶片更多，枝梢量更多，它的根系会更发达，树的长势就会更快。进入丰产期后，再把大枝剪少。

因为种植依赖于气候，而气候又往往变幻无常，这就需要褚氏农业上下都处在一种"动态作业"的状态，反应和执行都要快速。褚一斌经常强调要学会提前思考和行动，并且给了作业长和生产部足够的信任和权力。"遇到问题，自己要有主动性，不能说一下动一下，该出手时就要出手，一直等上面来决策就太慢了。"

各个作业长在平时的转地巡查过程中，不光是看树的情况，其他相关的问题，该处理的都要及时处理，不用等指令。以红蜘蛛为例，在2022年的检查中发现，前期老基地是四、五、六作业区会多一些，二、三作业区相对少一些，一作业区有一些。往年红蜘蛛在叶子上较多，2022年，基本一片叶子上的红蜘蛛不会超过10只。但与往年不一样的是，2022年的红蜘蛛会拉丝。这些都需要作业长自己去了解，然后根据实际情况打药防治。但是打药防治也不是机械式的，而是要考虑天气因素。如果几小时后就下雨，打药的效果肯定不好。另外，作业长们还要细致观察害虫处于生命周期的哪个阶段，比如是在产卵期还是幼虫期。有了这些基本的观察，才能精准地判断如何去防治。

目前，褚氏农业正在尝试逐步推广新技术，但褚一斌强调说："老的农业方法还是要保留，新技术主要是为将来做打算，只能逐步地引入和探索。如果过分迷恋新技术,而不看树的真实情况,那就是本末倒置,果子的品质甚至还不如全人工的时候好。"

砍掉近一半

在褚氏农业的橙园中,每棵果树的"高矮胖瘦"虽有差别,但整齐程度远胜其他橙园,果树之间的距离也适当。再仔细观察还可以发现,阳光可以充分地照射到每一棵冰糖橙树上,树与树互不遮挡。以新平老基地为例,现在每亩土地约种 80 棵冰糖橙树,而这一数字在 2002 年褚时健刚开始种橙树时,是 146 棵。从每亩 146 棵到 80 棵,减少近一半的冰糖橙树。这些被砍掉的果树并非"老弱病残",而都是健康的冰糖橙树。砍树目的是保障果树的间距,确保每棵树都能享受到充分的阳光雨露,这个过程被他们称作"间伐"。

2005 年,褚时健种的橙树开始零星挂果。2006 年开始全面挂果,但 2400 亩的橙园只有 14 吨的产量。面对这个问题,78 岁的褚时健苦苦思索了许久,不得其由。褚时健一遍遍翻阅床头的农业科学书籍,又把各级柑橘种植研究所的专家请到果园,开会、现场研究、讨论、进行小规模试验等,尝试了各种解决方案,皆不见成效。

他看了每个区作业长的汇总数据,然后有针对性地巡视了多次,一遍遍观察那些高产的果树到底有什么特点。终于,他惊喜地发现，果园边缘地带的果树挂果情况比其他地方都要好，他意识到这可能是解决问题的关键点。

褚时健联合专家组经过多次研究，最后发现边缘地带的特点是地形起伏，土地不规整，所以种果树的时候种得比较少。在2002年、2003年种果树时，非边缘地带基本是按传统的每亩146棵来种，间距也按作业长和农户们的经验来执行，而边缘地带的果林，每亩还不到100棵。

褚时健立刻猜想，也许是果树过密导致结果状况不佳。这和很多科学家做实验的原理如出一辙，先观察现象，然后提出假设，最后通过数据验证假设是否成立。

褚时健如何验证自己提出的假设呢？他当即号召各区作业长在各自的片区各找出一两亩地，开始试验"间伐"。第一次要求先砍十棵，褚时健来检查。不行，再砍！接着又继续砍掉一二十棵。继续砍下去，作业长都不忍心了，不敢再动手。最后还是褚时健在办公室里一锤定音："必须砍！砍掉小一半，每亩到80棵左右才算达标！"

轮到农户们去执行时，大家都心疼，拖拖拉拉不肯动手。好不容易长到这么大了，这些树不仅没有病虫害，还都是能结果的，砍了岂不是要影响几年的收成和收入？无奈之下，褚时健只能通过奖励的方式鼓励大家大胆去砍："砍一棵，补助30～40元。"农户们一看褚老爷子的决心这么大，又加上有补助，于是开始陆续砍树。就这样，新平老基地从2006年起，间伐就陆续开始了。一个原来管理了3000棵果树的农户，到最后砍掉了1300多棵树。

最后的事实证明，褚时健的猜想是对的。

连续间伐几年后，果园基本保证了每亩地只有80棵左右果树的规模。这样做的好处非常明显，一是果树的结果量大幅度增加，二是每个农户名下的果树减少后，投入到每棵果树上的精力大大增加，更保证了果子的质量。如此一来，每棵果树的挂果量，也从最初的平均3～4千克逐年增加，到2015年已经达到了40～50千克，亩产约在4～5吨的水平。在农业水平较高的美国和澳大利亚等国家，橙树亩产最高水平也不过3吨。在哀牢山上，褚时健实现了对国际水平的突破。

以前农户们需要补助才肯砍树，现在一旦发现间距过密便会主动去砍。

在橙树幼苗刚栽种的时候，由于树冠占地面积小，看不出间伐的重要性。但是当幼树成长到一定阶段，枝干逐渐变密，树与树之间就开始相互遮挡，由此就导致阳光无法充分照射到每一棵果树的每一根枝条上。这个时候，就需要把每三棵树中间的一棵树砍掉，以避免出现因日照不充分而产生的掉果减产现象。除果树过密影响阳光外，太密的间距也会致使肥料分摊不均，单棵树营养不足、挂果少，进而减产。

在褚时健大刀阔斧进行间伐前，新平县没有人实践过。对大多数果农而言，要砍掉近乎一半的健康果树，简直是不可理喻的。根据常识，同样面积的土地，果树种植得越多，产量就越高。褚氏农业的一名作业长，在2003年加入褚橙以前，已经在玉溪的柑桔研究所搞了十多年的冰糖橙种植工作。他也承认，在褚时健做出间伐这个决定时，自己将信将疑，并不完全理解这一行为。即使在今天，一些同行在已经充分了解砍树原因的情况下，也难以下手。然而，这确实是科学，科学有时是违背人们的常规认知的。只有真正信仰科学的人，才敢于挑战常识。褚时健是个崇尚科学的人，在他种橙的十几年里，上到中科院院士，下到云南本地有名的种橙专家和能手，都曾被他请到褚橙果园进行指导。

到了2015年年底，褚橙第一次遭遇网络负评。消费者们陆续反馈橙子个头小，口感不如往年。褚时健心里着急之余又犯起了嘀咕："为什么会出现这样的事情呢？"褚时健第一时间联系了《北京晚报》，公开致歉。紧接着，他自己好几晚没睡好觉，开始联系专家、作业长，走访农户，寻找问题所在。当时，农户们都反馈说是几场密集的大雨所致。但褚时健并不这么认为，几经调查后发现，雨水多自然是一个重要原因，还有一个原因是果树这几年的树冠越来越大，影响了果树的受光和通风状况。"看来要再一次间伐了。"

产量、质量这两端，褚时健毫不犹豫地选择质量。几天后，89岁的褚时健做了一个重大决定：果树间距必须达到3米，不到3米的一律砍掉。作业长们算了一下，新平老基地因此一共要砍掉3.7万棵果树，也就是要减少约2000吨的果子产量，几千万的收入。但没有人敢出声，因为大家都明白褚老板做出的决定改变不了。他说砍，就只能砍。按褚时健的设想，今后盛产期每亩只会留60棵。

褚时健的这次决定，又得到了超常的成效。经过再次间伐的果树，到2016年入秋后，所结果子的个头明显比上一年要

褚时健在果园与技术主管交流

大。褚时健在开春后就坚持一周去一次果园,挂果以后,每次去都随身带把卡尺,随时量量果子的直径,与上一年的同期做比较。到 10 月底,褚时健心里完全有底了。2015 年,平均 8 个橙子一千克,2016 年,基地做到了平均 5 个橙子一千克。

有父亲探索在前,褚一斌随后在新基地规划时便进一步拉大了间距,橙树因为过密而被遮挡阳光和营养不足的问题从一开始就被考虑进去。通过合理的事先规划,再配合季节性的修剪,新基地的橙树间隔适中,能够平摊阳光雨露、水分肥料,结出来的果子质量非常稳定。

对老基地新种的橙树,褚一斌采用了逐步间伐的办法,即在果树栽种的时候仍然采用密植的方法,以保证幼树时期的产量。等果树长大一点后,为保证每三棵树中左右两棵树的树冠正常生长,而把中间的树冠修剪得小一些,不要挡到左右两棵树接受光照。逐步地,两边的橙树树冠不断变大,中间那棵树的果子相当于逐步转移到两边的树上，对果子的产量影响不大，对农户们的收益影响也不大。因为中间的树的树冠已经修剪得较小，也不会影响左右的树吸收养分，因此中间那棵树的果子质量和两边的树的果子质量相当。如此每年逐步修剪，最终在两边的树冠快要交会的时候就把中间的树伐了，移植到别的片区的老树桩上，休养两年之后可以接着生长。

农户们对照料这种移植的树也很有心得："它们不是'本地人'，刚栽过来要让它们好好适应一下，营养和水分都要给足了，好好调养两年，先不结果。等养好了，适应了，结出来的果子会跟原来的一样好吃。"这种移植的树因为树龄够了，只要成功移植，好好修复，不仅产量比幼树高，结的果子也更好吃。

逐步间伐的方法既解决了幼树时期产量不够的问题，又解决了果树长大后互相遮挡、营养不够的问题。这不仅是褚一斌对父亲种植方法的传承和发展，更多的还是他对果实品质的用心考虑。用褚一斌的话来说："间伐不是目的，结出高品质果实才是目的。"

护花使者也摧花

历经一个寒冬的洗礼，春日里橙花争相开放，褚橙庄园周边的万亩橙园一时间花香四溢。很多人看到大片大片的白色橙花，想到的是几个月后满树沉甸甸的果实。

橙树花开

也许很多人会认为,花要开得满树都是才好,这样橙子的产量才会更高。初到褚氏农业考察的我们起初也是这样认为的。但经过技术人员的讲解,我们才认识到,原来对一棵橙树来说,花不能太少,也不能太多。花太少会直接影响结果量,进而影响一年的收成;花太多,就可能超过一棵橙树的结果上限,成品品质亦会受到影响,对树枝也会形成压力,甚至影响来年的果实。正因如此,每年面对橙花,工作人员一方面要保花保果,另一方面也要疏花疏果。

褚一斌跟我和学生们讲,柑橘类植物属于花量大但坐果少的树种,满树橙花,最终结果的只有其中的2%～5%。如果坐果率太低,产量就会降低。为了保花保果,他们最常用的方法是施冬肥,也就是"月子肥"。顾名思义,这个肥料能让橙树在"生产"完成后快速地恢复活力,尽快将营养吸收,供应到主体上来。这次施肥要在每一年果子采完后立刻行动,整个过程必须控制在20天以内。另外一种是壮果肥,就是"怀孕肥",促发其毛细根生长,促进果实膨大,为秋梢的抽发备下充足的营养,对保果、膨果及抵抗后期的多种果期生理病害都大有益处。

不同时期的施肥方法,不同时期的保花措施,都是对橙树进行动态的调整,以达到保花保果、提质增产的作用。工作人员要根据每一棵橙树的营养程度,判断它是否需要施肥。如果橙树的营养生长大于其生殖生长,那么这段时间就不再施肥了。

关于橙树落花落果,褚氏农业的工作人员经过很多次总结,发现了其中最重要的几个原因:第一,遇到异常气候。高温干旱天气会导致地下无机养分输送障碍,进而影响花器官发育,产生畸形花。如果花期有连续阴雨天,水分过多,影响授粉,会造成落花。同时,阴雨天光合作用减弱,有机养分缺乏,影响花果发育,也会导致落花落果。第二,营养不足。橙树开花结果需要大量的养分,如果养分供给出了问题,比如缺肥、根系受损、过度干旱、光照不足等,也会导致大量落花落果。第三,激素失衡。橙树授粉完成后,果实中会合成生长素,进而抑制脱落酸的产生,从而使果实得以继续生长发育。但在花果期如遇恶劣天气导致树体激素失衡,就会大量落花落果。第四,病虫害。花期内主要病虫害有木虱、蓟马、红蜘蛛、炭疽病、溃疡病等,如果防治不及时,也会加剧落花落果。第五,管理不当。橙树春梢老熟慢以及夏梢疏除不及时,都会与花果争夺营养,进而影响坐果率。此外灌排工作不到位、环割不当、盛花期用药等,均会加重落花落果情况。

从时间来看,工作人员一般会在 2 月开始疏花疏梢,对弱树和树冠较小、花量较大的树做好疏花保梢工作,而对花量少、梢多的树要疏梢保花,到 3 月上旬会完成第一轮疏花疏梢工作。农户们会根据花量和营养枝数量进行判定,花多的进行疏花,枝多的进行疏枝,中间的枝条不动,树冠内膛旺枝和徒长枝不留,确保营养平衡供应。此外,2 月还要针对幼树摘花,在花蕾开放前,及时摘除幼树上的所有花,幼树上绝不能有小果出现。

为了让我和学生们更清楚地了解保花和疏花的时机,基地技术主管张伟带着我们下地进行了现场教学。张伟带我们走到一棵树前,伸手指着一片橙树说:"在结幼果的时候,如果雨水过多,橙花的花瓣就会包住果子,摇都摇不下来。时间一长,幼果就会在花瓣里面霉变,橙树就会得灰霉病。如果这个时候不注意处理,一片树都会得这种灰霉病,集体遭殃。"

3 月就要正式施肥,做保花保果工作;4 月施壮果肥;5 月和 6 月则要疏除畸形果实。在 5 月下旬果子稳定以后,针对果量偏多且树势正常的果树,适当疏除畸形的果子。对待小果,如果枝上果量够就去掉小果,因为小果也会消耗果树的营养。如果枝上果量不够就先留着小果,等于再给它一个机会。营养够了,小果也能大器晚成,即按照"疏密留稀、留优去劣"的原则处理。如果发现有果树挂果太旺,也需要组织农户们疏果。

被工作人员疏除一地的果实

褚一斌说，保花保果、疏花疏果这些动作，其实不只在种植褚橙的过程中有，在很多农作物的种植过程中都有。但褚氏农业的主要亮点在于，一方面是保花的措施很到位，比如时间间隔、行动速度等把握得很好——如果这些方面把握不好，花就不受控制了。另一方面就是喷洒花的抑制剂适中，多了肯定不行，少了无法达到效果。另外，还要明确保花保果的对象，主要是上一年结果过多的小年树和长势太强、花量少的旺长树。

对疏掉的果实，工作人员不能直接把它们都扔在果园里，它们并不能"化作春泥更护花"，腐烂的果实可能会给果园带来病虫害。在褚氏农业的果园里，一排排橙树尽头的小土坑就是专门用来清理这些被疏除的果实的。这些果实将在这里被统一撒上石灰掩埋，以防有虫害和疾病污染。

褚一斌认为，管理在于对分寸的把握。对不太自律的员工，如果不给他们适度的压力，就会导致他们怠惰和敷衍。对于有责任感的员工，即使不及时给他们压力，他们在完成工作后也自然有一种满足感。这就需要平衡和把握分寸。管理一棵橙树的产量，也是要掌握保花疏花间的平衡，把握好分寸。橙树并不是结果越多越好，要综合考虑往年的情况，还要考虑来年的产量。褚氏农业的"护花使者"，在摧花的时候也毫不留情，在外人看来甚至有点"心狠手辣"。

春梢、夏梢、秋梢，梢梢必控

控梢是褚氏农业进行精细化田间管理的重要一环，意思是把果树在生长过程中不断长出的新梢摘除掉，以避免新梢与幼果争夺养分，从而影响产量和质量。虽然这项工作技术含量不高，但枯燥烦琐，劳动强度大。

在褚氏农业的果园，一年要除三次梢：春梢、夏梢、秋梢（包括晚秋梢）。因为哀牢山夏季气温经常高达40℃以上，加上橙树的种植肥水丰足，夏梢长得也最为繁盛。作为技术部的副主管，蒋正品说："控夏梢是最辛苦的，过去一直是人工控梢，一个人一整天从早忙到晚，最多能完成十棵树的控梢工作。"

以新平老基地来说，每个农户按两个劳动力算，最多要管理2700棵树，少的也要管理1500棵树。一个农户即使按照1500棵树计算，也要75天才能干完。农户们只能请帮工来帮忙控梢，最初一个农户每年请人除夏梢的费用有1万多元，平均每亩地要多花费近4元的成本。而云南省的其他冰糖橙种植户为了节省这笔费用，夏季控梢的工作，一般每年只做一两次。更重要的是由于夏梢长得都非常快，刚刚控完梢的果树，没几天又长出了新的嫩芽，而褚氏农业一般一年要做4～6次控夏梢的工作。

为了减轻农户们的工作强度，褚时健引入了美国新型杀梢剂。这种杀梢剂能在稳稳控制住嫩梢的同时，不伤害果子。经过反复试验，最终确定了1：10000的配药比例。另外，褚时健在喷药方式上也制定了严格的规范：零星抽发的枝梢要采取人工摘除的方式，不得盲目使用杀梢剂控除，等枝梢大面积抽发整齐才能使用杀梢剂，以此减少过量使用杀梢剂对果树造成的不良影响。同时严禁使用新打药系统打杀梢剂，以防药剂残留造成药害。

在用药方面，褚氏农业对供应商的选择有着极其严格的标准，在同类药剂中必须选择最优产品。先建试验田，在小范围内反复试验，确保安全有效后才会普及使用。

自从使用了新的方式控梢，不仅农户们的工作量大大减少，生产成本也从过去的每户1万余元降到了每户2000～3000元。

虽然褚氏农业在控梢的问题上走在了前列，但也曾经吃过亏。2006年，褚时健新请了一位柑橘种植师傅在一个作业区指导种植，结果出现了大量掉果现象。当年，这个作业区因此损失了100多吨果子，而其他三个作业区则没有出现这种现象。为此，褚时健特意召集所有作业长开会。经过研究，大家发现问题出在控夏梢上——这位新请来的师傅没有控梢！于是，褚橙才制定了严格的控梢标准：夏梢必须控，而且要严控。

褚橙的果园对"控梢"这样一个简单种植管理工序的严格要求延续到了今天，在其2021年7月的工作计划中有这样一段表述：

老树部分从2021年7月25日开始短剪，至2021年8月10日完成短剪并开始放梢；小树部分从2021年8月1日开始短剪，至2021年8月15日完成短剪并开始放梢，放梢后及时打药以防潜叶蛾危害。

对新发出的梢，褚氏农业要求农户们短剪时要疏、短、回缩相结合，以保证果树放梢后通风透光。短剪工作要按上述日期完成，若到期完成不了，酌情给予相应的处罚。剪下来的枝叶要及时收集并集中烧毁，尤其是在溃疡病较严重的地块，要当天剪当天烧。若检查时发现未处理要给予相应的处罚。但在烧毁剪掉的新梢时不要烧到树，如有烧到树的要扣预支生活费100~500元。

其实，对是否需要控夏梢，在中国柑橘种植业中并没有统一结论。在冰糖橙的原产地湖南，绝大多数种植者反而不控夏梢。所以，你会看到这样的反差：湖南等地橘农相对清闲的夏季，反而是褚氏农业果园的忙季。褚时健说："气候条件不同，导致两地种植管理细节上有差异。更重要的是，他们在劳动力成本上有顾虑。我们的做法虽然多付出了一定的成本，但能提高产量，这个投入是值得的。"事实也是如此，农户们看到控梢的效果后，也愿意多出力，甚至在忙不过来时自费请帮工控夏梢。

就像春天对橙花有护花，也有疏花一样，褚氏农业对新梢有控梢，也有放梢。褚时健要求，农户们要根据树龄有针对性地进行控梢和放梢。为了让果子长势更好，老树要控梢，幼树、长势弱的树为保证树枝的长势则要放梢。另外，在盛果期放秋梢也是为了保证来年的产量和品质。

每年夏秋控梢的时节，也是褚一斌最为忙碌的时节，他基本上很少会离开果园去外地。即使非要出去开会，也是当天就赶回。如果遇到有合作事宜需要商谈，他也会选择约在庄园来进行。云南的太阳将他晒得黝黑，他穿着汗衫、短裤，脚上一双布满灰尘的球鞋，头戴一顶草帽，就一路上山检查工作去了。褚一斌走得很快，往往一边走一边跟身边的生产技术部负责人聊果园的情况。

有一次我陪同褚一斌检查控梢情况时，远远看见一个农民正拿着一把近一米长的大剪刀在做修剪工作。褚一斌没见过这把大剪刀，远远就招呼他了解情况。原来这把奇怪的大剪刀是他刚从网上买的，正在试验好用与否。有了它，他不再需要爬上树去剪长在树顶的新梢，只要抬起手举起大剪刀就可以轻松地完成修剪工作。

"这把大剪刀看起来不错！我能试试吗？"褚一斌接过农民递过来的大剪刀开始尝试着操作，将它举起来去剪树顶的嫩梢。"还不错！"说笑着，褚一斌将大剪刀递回农民手中，又继续进行检查工作。在和农户们的相处中，褚一斌虽然不像他的父亲一样与农户们打成一片，但他也有自己的一套方法，充分尊重、平等对待。

我问褚一斌："像这样的新工具，是否会向各个基地大范围推广？"他的回答是，还要看时间怎么回答。如果有一些农户用了一些日子，反映的确很好，作业长们会一层层反馈上来，到时候再推广不迟，公司早期不过多干预。褚一斌的这种做法非常明智，市面上总是会出现很多新工具，但这些工具往往都是第一次用觉得不错，第二次用就觉得不但不好用，还很麻烦。如果公司过早干预，不仅在成本上是巨大的浪费，而且对农户们自己去寻找新工具、采用新方法起到了阻碍作用，造成农户们对公司的依赖。在对农户管理的微观层面上，褚一斌认为还是应该让他们发挥自己的聪明才智和观察力。

立竿见"橙"

夏日的早晨，微风带来一丝丝清新微酸的青橙香。漫步在哀牢山橙园的小道上，目所能及之处，除了密密麻麻的深绿色叶子和沉甸甸的青果子之外，还有一根根黄白的竹竿若隐若现地藏在橙树下。几乎每棵橙树都有这样一些拇指粗细的"竹竿卫士"在旁，多的有十来根，少的也有三四根。偶有一阵疾风吹过，吹得橙林发出沙沙的响声，但那些竹竿却纹丝不动。

这些竹竿一头坚实地扎在地里，另一头支撑着橙树的细枝，大多数的细枝上挂着五六个青涩的果子。第一次看到顶果竿，我和学生尝试着拿掉一根看看后果，结果枝条忽地就失去了依托，被顶部的累累果实牵扯着垂了下来。我们赶忙把竹竿放回原位，调整了几次位置，终于重新架起枝条。

我们向身边的工作人员试探性地问："这些竹竿的作用就是顶住枝条不让其下垂吗？"他的回答让我们有点意外，他说："一根顶果竿，不但作用大，而且在放置的时候也大有学问！"

原来，到了每年的六七月份，橙子正处于膨果阶段。随着果实膨大，果实的重量快速增加，枝条会往下弯，挂果量大的枝条如果不被撑起来，随时都有可能折断。为了避免枝条折断，农户们会在这段时间提前用顶果竿撑住结果子较多的枝条，这个动作就叫顶果，也叫撑果。

顶果工作会断断续续持续大约 4 个月的时间，从膨果阶段开始一直持续到采果之前。特别是赶上夏天台风暴雨频繁的时候，为了减少损失，为橙树搭建好"保护支架"至关重要。

顶果不仅是避免枝条折断、果实坠地这么简单，更能够有效提升果实品质。因此顶果的动作，不是简单地把枝条撑住使其不下垂就完事了，还要通过对几根顶果竿位置的调整，对一棵橙树的枝叶密度进行控制。通过把橙树树冠下部的枝条撑起，把密集的枝条撑开，能够让更多的果和叶接受光照，使得树体更加透风透光。

从直观上来看，没有做顶果工作的果树就像是一个驼背的小矮子，因为胸廓变形，营养摄取、供血、心肺功能都会出问题；做了顶果工作的果树就像是一个挺拔的精神小伙，果子能够通过枝干顺利吸收土壤中的养分和水分，能够沐浴到足够的阳光进行光合作用，因而果实能够健康成长，外观上大小、着色均匀，口感上酸度和糖度高。

如果不及时顶果，不仅会影响果子的产量和品质，甚至有可能招致大规模的病虫害。当果子接触到土壤，果子表皮也会沾上土壤中的细菌和真菌，既容易导致落果，也容易引发病虫害，甚至会通过空气和接触传播给别的健康果子。

褚氏农业对农户们顶果也有非常明确的规定：果子必须要顶离地面20厘米以上；雨后下垂成垛的果要分层，要顶出层次感；顶果时不能严重改变枝条原来的生长方向。在顶果季，各区的作业长会频繁走访检查，为了确保农户们的完成度，还制定了相应的惩罚制度：检查时发现的坠地果以50个为基数扣预支生活费20元，每增加10个多扣5元，以此类推。

给橙树顶果

某天晚饭后,我们团队和褚一斌在果园里散步。看着橙园里日渐增多的白色竹竿,我的研究生蔡建雯趁机展示了一下自己了解到的顶果知识。他看完,笑着评论道:"看来你们现在有点小师傅的样子了,但你们观察得还不够细致。"他随后从路边抽出一根闲置的顶果竿递给一位学生说:"仔细看看,这里面有什么细节。"

几个学生一起围上来研究这根竹竿,仔细一看才发现,原来竹竿并不是随意切断就完事了,每根竹竿顶果的那头都有一个U形切口。用手摸一下切口,没有一点毛刺,像是被磨过的。

褚一斌给我们介绍:"工业产品的生产,经常是细节决定成败。我们做农业种植业,其实也是如此。你们看这种U形切口,一方面能够很好地支撑住枝条使它不会垂下来,另一方面我们在削切口的时候会磨一磨,不能让竹竿锋利的切口伤到枝条。更令很多人想不到的是,我们在顶果的时候,还会在U形切口垫上垫片,也就是再加一层保护,防止顶果竿对树皮造成伤害。如果不慎让顶果竿划伤树皮,橙树就有得流胶病的风险。"

听褚一斌说,在顶果这个看起来很小的问题上,褚氏农业其实也尝试过很多方法。在褚时健时期,橙园里试过用布袋来捆,试过用棉线来绑,但是后来发现这两种方法速度太慢了。在果子快速膨大的时候,一旦处理速度过慢,细枝的损伤很难修复,坠地果子难以挽回。相较而言,用竹竿撑果操作更加简单,也能够灵活控制高度。再加上哀牢山这边盛产竹子,成本也比较低,这才形成了用竹制顶果竿的惯例。

随着基地的规模不断扩大，树龄不断增长，果子的产量也逐年递增，每年需要的顶果竿的数量也越来越多。为了控制顶果竿质量，方便统一管理，褚橙的顶果竿都由公司统一采买。褚氏农业会挑选品质中上、生长时间两年以上的老竹子，这样的竹子防腐性和耐用性都比较好。同时，竹子的粗细也适中，太粗的不便于发放，太细的支撑力不够。

褚氏农业对果实的保护不仅体现在小小的顶果工作上。我们在果园走访时，看到有几个农民带着一个小布袋，不时往一些果子上贴四四方方的白纸，看上去就像是果实专属的"创可贴"。

随行的作业长助理告诉我们，就像我们上山要戴草帽，这些"创可贴"是在给果子做"物理防晒"。在云南的夏季，由于太阳高度角大，到达地面的日照辐射量和紫外线辐射强度非常可观，过强的阳光照射会导致果皮组织灼伤。尤其是阳面、树冠顶端的果子，它们在受到强日照被灼伤之后会呈黄褐色或暗浅绿色。如果不及时处理的话，它们在成熟时不仅果皮灼伤处呈暗褐色，表面粗糙，干疤坚硬，还会汁胞干缩、粒化、汁少而味淡。这种被阳光灼伤了的果子就叫作"日灼果"，防治日灼也是褚氏农业在夏季重要的农事操作之一。

以前刚发现这个问题时，褚时健尝试过用套袋来防治日灼，虽然套袋能够有效防治日灼，但是套袋太费人力了。经过多次尝试之后，他发现贴白纸能起到同样效果，并且效率更高，防范更加及时，能够快速有效地保护果子免受日灼伤害，兼顾了防治的效率和质量。于是褚一斌将防治日灼的方式进一

橙子上的"创可贴"

步规范,并且明文写在每月的月度生产计划中。

顶果也好,贴日灼果也罢,这些都是每一位褚橙人严谨细致、追求完美的体现。褚橙人为了保证褚橙的品质,将每一天的每一件事都做精、做细、做好,在精细中体现工作价值。

大胆一点

每年 12 月橙子采摘完成后,褚氏农业的工作人员要做的一项重要工作就是"剪冬枝"。

剪枝是果树种植行业中很重要的一项管理技术,特别是柑橘类的果树种植,因为生长速度较快,枝条生发丰富,如果任由其生长，会引发树形不规整、透光性差的问题，导致果子质量差，而且果树寿命会大幅度缩短。一棵修剪得当的冰糖橙树寿命可以超过五十年，而毫不修剪的冰糖橙树可能十年也活不到。修剪其实是全年的工作，通过把多余的枝剪掉，可保障整体树冠的营养充分和均衡。对果树而言，冬天的修剪又是重中之重。在冬季采果结束以后，合理的修剪能帮助树枝尽快恢复营养，为来年的开花结果打好基础。

为了科学剪好冬枝，当年褚时健可没少去外地其他种橙子的基地考察。各地的气候条件不一样，各地剪冬枝的情况也不一样，比如华宁县的橙树就剪得少，有很多地方甚至不剪。

"我刚开始并不懂技术，技术人员原先也不是在新平种果树的，老经验解决不了新问题。在没了解清楚前，我不能瞎指挥。一个人不懂就不要做，否则会把事情搞坏的。"褚时健总是这么说。

从不懂到懂，褚时健在实践中不断摸索，不厌其烦地改进剪枝方法。褚氏农业目前的剪冬枝法，是褚时健在比较各地的剪法后，和技术员商量出的独特的剪枝方法——根据哀牢山上的日照情况，"太阳不管正着还是斜着，都要透得下来"。

每年到剪枝的时候，褚时健都会把技术人员召集起来，让每个人按自己的方法修剪四五棵树。他也会提出自己的剪枝方案，让技术员帮助修剪。然后定期来查看这些试验田里不同剪法的果树开花和挂果情况。根据年底的产量和综合评估，将其中表现最好的果树的修剪方法推广给农户们。

对农户们而言，修剪果树算是最大的难关了，修剪的水平会决定果树的长势和营养状态,很多人胆子小,不敢剪。

褚一斌手下有个作业长叫陶永文,可以说是一位传奇的"剪刀手"。在陶永文负责的片区内,有几十棵树每年都不开花、不结果。褚氏农业内部都戏称这几十棵树为"和尚树"。眼看着同年栽种的橙树都顺利成长,开花结果,陶永文怎么想都想不通。在这期间他试了调整化肥配比,也尝试了给树用药,都一直没见起色。褚一斌也对这几十棵"和尚树"很感兴趣:"这可是难得的典型病例,咱可得好好研究研究。"

在遍寻各类方法无果后,陶永文有一年突然想:会不会是树枝的生长抢夺了橙花、橙果的生殖营养呢?说不定大刀阔斧地剪掉几根主枝能够扭转局面。他立刻把想法告诉了褚一斌,褚一斌大手一挥:"试!只要能把这几十棵树的问题搞清楚,怎么试都值得,剪坏了也不会让你负责。"于是这年冬天,陶永文便用了比较激进的修剪办法,接连剪掉了好几根主枝。到了来年春天,这些被大胆剪掉主枝的橙树开了花,当年又结了果。每次谈起此事,褚一斌都会在不同场合使劲表扬一下陶永文。

然而剪冬枝,却是最难标准化的一项操作。其一是因为农户们各有各的修剪方法,这些都是长期实践摸索出来的技巧,很难整理成标准手册;其二是因为修剪程度要按照树的状态调整,比如在风口上的果树,就要稍微修剪得密一点,因为如果修剪得过稀的话,春风一来,花都落了,果子也保不住;其三是因为修剪方法难以保持一致,哪怕是同一个人修剪同一棵树,都很难保证每次修剪的思路是一样的,更别提大家各有各的方法，难以统一。

但经过多年的摸索和积累，尽管不能将修剪过程完全标准化，褚氏农业还是总结出了一套独家的科学修剪原则："三稀三密"剪冬枝，即"上稀下密、外稀内密、大（枝）稀小（枝）密"。

修剪的时候，先用锯子锯掉大的枝条，再用剪刀剪小的枝条。对修剪的标准，并不是说一定要留下几根大枝，而是要"随枝做形"，即根据这棵树的具体情况，怎么修剪能做到既保留枝梢，又达到通风、透光效果，就怎么修剪。

老树跟幼树的修剪方法完全不一样。对待老树，要看秋梢是几根枝，嫩梢是几根枝。老树尽量保留长势强一点的枝，而幼树则相应地要保留中柔的枝，稍微强一点的要切掉。因为弱一点的枝，在营养上抢不过强枝。修剪不但要做到"三稀三密"，还要看从上部到中部，再到下部，树枝长势的差异不要太大，开花或者坐果等方面才会好。如果上部树枝长势太强，但是中下部的太弱，花是开了，最终上部的树枝坐得住果，中部的坐不住，果子因中部的树枝坐不住果而没有营养——就像练武一样，一个强一个弱，肯定是弱的干不过强的。必须得一家子都强，实力差不多，整棵树的营养才能好一些。

在确定了修剪原则之后，具体执行也是一个难点。

每次开始修剪前，基地主管、作业长及负责技术、生产的部门都会把所有植保员集中在一起，先确定今年剪枝的一些大原则，分不同类型的树，比如强树怎么剪，弱树怎么剪，平地的果树怎么剪，坡地的果树怎么剪——先设计出一个模式，让大家都练练手，剪完后发现问题不大，基本就会按照这个模式去做。

培训之后，植保员再下去教农民。在农民明白要求之后，植保员再让农民到各家地里放手去剪。如果检查过程中发现哪家偏差比较大，还需要不断地去教。通过一步步扎实地去教、去纠正，使得冬季修剪过后的果树整体能做到通风透光，来年开的花才能茂盛，结的果子才能好吃。

褚一斌也会经常拿上剪刀大胆剪一把。他常说："管理者如果都不能以身作则，年轻人又如何'抛头颅、洒热血'？"在二作业区有一片橙林，是褚一斌专属的修剪区域。之所以留出这么一块区域，是因为褚一斌想在这里检验自己的修剪水平。他常说："论修剪我肯定比不过作业长，虽然不能达到精通，但我一定要懂一些，只有上手剪了才知道问题会出在哪里。"

褚一斌不光自己剪，他还鼓励新人剪。起初，新人都很谨慎，从小枝开始修剪起来。因为一旦剪错了大枝，到来年一棵橙树起码损失20多千克的产量。褚一斌一看，鼓励道："剪嘛，大胆一点剪，剪坏了也没事，总不能一直躲在老师傅后面。"有时候，褚一斌担心新人因为自己在旁边看着影响发挥，就特意走到另一边去。过了十来分钟，他回来看，发现剪得不错的就鼓励："剪得不错嘛！不上手自己剪怎么知道轻重呢？"

在他的鼓励下，大家虽然手法不一，但基本上都遵循了"三稀三密"的原则，底枝离地超过60厘米，左右、上下都做到了分组分层，整体呈塔形。

褚一斌希望这些年轻人的技术能越来越好，而且成长的速度要越来越快。褚时健在世时，经常说做管理工作，首先要熟悉业务，否则就成了外行人指挥内行人。在此基础上，褚一斌进一步强调，如果技术人员的专业水平不如管理者，那是技术人员的失职。

第四章

从树尖到舌尖

❈ 每棵果树都要遵循"从上到下、从外到内、选黄留青"的多批次采摘原则。

❈ 按照褚氏农业的要求,掉落地上的果子不能作为正常商品进行销售。对采摘后的果实进行近乎"惨烈"的淘汰,也体现了褚氏农业对品质死磕到底的精神。

❈ 与时间赛跑,褚橙7天实现从树尖到舌尖的旅程,以给消费者带来最佳的口感体验。

❈ …………

精细化的田间管理，使得褚氏农业种出来的橙子拥有了相对稳定的高品质口感。即使如此，到了采摘期仍然有很多不符合褚氏农业标准的橙子会被无情地筛掉。为了保证最终食客们吃到口中的橙子的口感，保留住原始的"树上的味道"，从橙树到舌尖，褚氏农业仍旧是铆足力量，不惜代价。

留住秋天的味道

每年 11 月初，正值"树树皆秋色，山山唯落晖"的深秋时节，金秋的阳光洒在哀牢山上，经历了 2200 小时光照的冰糖橙终于到了要采摘的时节。橙园内四处弥漫着丰收的喜悦，农民们脸上都洋溢着期待的笑容。

在笑容的背后，一场与时间的赛跑也正式拉开了序幕。在每一颗橙子从枝头被摘下的那一刻，工作人员就开始为其倒计时。从橙树到舌尖，只有每一个流程都做到精准、畅通、高效，才能保证食客们尽享褚橙带来的味蕾欢乐。

为保证采摘工作顺利进行，每年在采摘期前，农民们会对所有采果道路进行整修，清理路边的杂草、树枝。枯枝统一收集焚烧，落果也会放在不远处的落果坑里统一处理。

从最大限度保证采摘期果子的成品率考虑，每年从7月开始，各个作业区的作业长们就会定期在相同的位置采十多颗果子，送到实验室，把果子的糖度、可食用性、营养状态、固形物等方面与去年的指标进行横向对比。如果有哪一项指标异常，工作人员就会想尽办法找原因，进行补救。

随着采果时间的临近，技术部会增加果子抽样的频次。因为光照和营养吸收的差异，同一棵橙树的上、中、下层果子的口感、色泽和成熟度也不尽相同。为了保证检测结果的准确性，作业长们会采用分层采样的方式。

每年的11月5日，是褚时健定下的开采日。但由于每年气候会有所差异，褚一斌没有机械地套用这个开采日。生产部、技术部、销售部等部门还是要一起商讨确定最终的采果时间，并制订采果计划和销售方案。不过，每年的开采日也大致与褚时健定的时间相近，不会偏离太多。

开采前，作业长们除了要对冰糖橙的质量和产量做更为详细的测算，安排好各个农户运果子的农用车，还要对农户们进行采果技能培训和安全专项培训。农户们则忙着四处请帮工，每家都要请上十个左右的帮工采果。这些帮工多半是自家的亲戚或者同乡，多少与农户们沾亲带故。

所以每年一到采果季，各个基地的工人一下子多了很多。原来安静的橙园，一下子变得热闹起来。运果车来回穿梭在果园间的道路上，帮工们忙碌地采着果子。虽然辛苦，基地里却笼罩着欢乐喜庆的氛围。农民们说:"采果子是最减压的,看着满树金灿灿的冰糖橙,再上去那么一摘,什么烦恼都没了。"

在新平老基地的褚橙庄园,褚氏农业在每年采摘前会举办两场重要活动:一是在9月底或10月初,请经销商过来召开年度的"产品说明会";二是在10月下旬临近采果时举办一年一度的"开园仪式",以"官宣"的形式向社会传达褚橙上市的消息。褚一斌会邀请各地的经销商来到褚橙基地,实地考察当年橙子的品质。好与不好,好在哪里,管理层都会如实让经销商知晓。正是这种诚信经营的态度,让经销商对褚氏农业越来越信赖。

农户们的采果流程也一直秉承着褚氏农业精细化和标准化的要求。每个果子的颜色从绿色转为橙黄色需要一定的时间,褚氏农业规定要转色3/4以上才可以考虑采摘。农户们要按照果树的排列顺序依次采摘。而在每一棵果树上采摘时,都要遵循"从上到下、从外到内、选黄留青"的原则。

每一棵果树都需要经过三四遍采摘,按照"选黄留青"的原则分批次进行,每一批次采摘工作结束后又至少要间隔10～12天才能继续采摘,以给予还没达到采摘标准的橙子充足的营养吸收时间。基地技术主管张伟说:"长在树下方的果子和靠里侧的果子因为光照相对少一些,即使已经转色也会放在采摘期的后期进行采摘,要多在树上停留半个月到一个月的时间,以保证果子的糖度。"这样的采摘方式与"一树光"的采摘方式相比,可最大限度保证果子的成熟度。

在我们跟随生产技术部的同事在果园检查工作的时候,基地技术主管张伟说:"除了'选黄留青'的原则外,每一个冰糖橙被采摘下树都经过了农户特殊的一果两剪法处理。"说着,他走到一棵橙树旁,随即给我们做起了示范:第一剪,将冰糖橙连枝带叶从树上剪下来,而且这一剪尽量不要给枝叶带来损伤,刀口不要斜着,以减少截面面积;第二剪,刀口平贴着表皮将果蒂剪得平整光滑,这样才能保证在运输的过程中不会因相互挤压碰伤其他的果子。如果被抽查出剪得不合格,一个果子可是要罚5元钱的。

为了验证果蒂是不是剪平整了,农民们使出了浑身解数,有的会把剪好的果蒂放在脸颊上蹭一蹭看看脸颊疼不疼。感觉没有严重的剐蹭感,才能算采摘合格。我们开玩笑地说:"这脸可受不了啊!"张伟则说,当地的农民还有一句广为流传的口诀:"橙剐脸,脸不挂,大家一起笑哈哈。"这句口诀,也是农民们对丰收的最好祈愿。

关于参访游客们是否能亲自采摘,褚一斌还告诉我一件趣事。当年王石带着一行人来看望褚时健,正值果子成熟的季节,褚时健想请大家吃橙子,王石提议:自己下地去摘如何?没想到褚时健却一口拒绝了:"因为你们不专业,自己剪可能会把树剪坏了,影响明年的收成。这样吧,你们想吃哪一棵树上的都行,我马上让人去摘给你们吃。"

一棵树采多遍,一个果子剪两遍,复杂的采摘方式相较于传统方式至少要多耗费一倍的人工成本。原本一个人可以完成的工作,现在就得两个人才能完成,很少有果园愿意承担这样的成本。褚一斌说:"相较于直接将橙子从树上扯下或者连枝带叶采摘的方式,一果两剪法虽然降低了效率,但是这种剪法却最大限度地减少了橙子在运输过程中的损伤,同时也保护了橙树的枝叶。"

橙子的最佳采摘期只有一个多月,以新平老基地为例,6000多亩土地,近50万棵果树,农民们要在短短的40～50天内完成全部的采摘工作,而采摘几乎全部靠人工完成。这着实是一个辛苦的活。虽然褚时健在建设果园之初就已经考虑到了运输的问题,道路也已经沿着山坡修建得很完善,但由于云南山地丘陵居多,橙树也多数种植在陡坡上,不常爬山的人可能连行走都很困难,更别提身上挑着几十千克重的橙子下山了。很难想象褚时健当年是怎样以74岁的高龄每天在这陡峭的山坡上往返的。

"农民非常辛苦,必须得给他们找一些省力的办法,他们才有更多的精力去做更多的事情,果树才会管得越来越好。"这是褚一斌现阶段最着急的事情之一。他向农学专家请教,多方寻找解决办法。以目前的技术水平来说,还没有任何设备能在不伤害果树的情况下完成采果工作。

在陇川、龙陵基地,褚氏农业已经在试验机械化的运输方式。例如借鉴香蕉采摘的吊轨运输方式或是单轨道小火车山上山下直通的运输方式,如果试验成功,将大大缓解农户们的作业压力。

◢ 有一半的冰糖橙不能叫褚橙

农业产品不像工业产品,工业产品只要把握好输入端和流程管理，输出时成品率就很高，有的甚至可以达到100%，但农业产品所处的大自然不是实验室，天气也不是控温炉，因此农业产品不可能像工业产品一样达到超高的成品率。褚一斌说："我们费尽精力，也只能让过程尽量标准化，再以极高的标准淘汰不满足要求的果子。"

褚氏农业不仅在种植端极力种出好橙子，更在结果端以高度精准的数字化标准不遗余力地选出好橙子，这就是选果厂建立的初衷。通过选果工作，每年大约有一半的冰糖橙无法贴上褚橙的果标，被当作散果廉价处理掉。这种淘汰率极高的选果尽管很"浪费"，但这是褚氏农业保证消费者能吃到高品质冰糖橙的核心手段。

早在2009年，褚时健就建造了玉溪大营街选果厂，这是褚氏农业历史上第一个真正上规模的选果厂。褚时健当时将合格的褚橙按照果径大小分为三个等级（果径55毫米以下的橙子作为"等外果"，直接淘汰），果径55～63毫米的果子定为一级果，果径64～74毫米的果子定为优级果，果径75～79毫米的果子定为特级果。在价格上，一级果、优级果、特级果各类依次每千克相差两元钱。

不过，褚时健很快发现这种分类存在弊端，因为冰糖橙是圆形或者长圆形的，单纯用果径来分级并不十分精准。2016年，褚氏农业在区分果径的基础上，又增加了重量维度，选果设备也随之进行了升级。

2017年，褚氏农业对分选系统进行了再次升级。2019年，刚刚接手褚橙不久的褚一斌，顶住各方压力在昆明建了国内最

褚氏农业在昆明的马金铺选果厂

先进的选果厂——马金铺选果厂。该选果厂可以实现单日选果量1300吨，褚氏农业将选果主动权牢牢地掌握在了自己手里。

马金铺选果厂配备了国内最先进的物理保鲜系统、精细化分选系统和个性化包装系统。其中，精细化分选系统引进了先进的橙脸识别系统和内部品质无损检测系统，能够在不损伤果子的前提下，对冰糖橙的外观和内部品质进行智能识别，并依照冰糖橙的色泽、果形、体积、酸甜度、可食用性、营养物、固形物等指标进行精细化分选。通过这套新引进的分选设备，分选达标果子的准确率提升至95%。

选果厂不只是简单地按大小、重量选果，还会完成很多细致的工作和各类检查。

刚刚从树上采摘下来的冰糖橙，工作人员会以最快的速度将其送进选果厂。进入选果厂后，先对其进行鼓泡式清洗，就是将橙子在水池里面连续翻滚，利用水泡的冲击力对橙子进行全面的浸泡清洗，充分地洗掉橙子表面的附着物。然后，这批橙子就进入自动清洗环节，在高压清洗系统中接受高速、轻柔的冲洗，去除表面的微生物和其他污渍。两次清洗过后的橙子，表面已经焕然一新。接下来系统自动将细腻的除菌剂喷雾喷满冰糖橙的表面，以消灭表面的细菌和真菌，让橙子更加健康卫生。这一环节对预防橙子后期腐烂和霉变相当重要，一定程度上延长了冰糖橙的保鲜期。除菌后的橙子要进行自动烘干，让表皮的水分充分蒸发，以防止橙子因为表皮积水而腐烂。

在通往自动分选线的途中，会有工人对表面有破损、有斑纹的果实和坏果（虫害果）进行第一次人工筛选淘汰。

以上步骤完成后，冰糖橙将进入自动分选线，利用专门开发的橙脸识别系统和内部品质无损检测系统，对每一个冰糖橙进行标准化检测，这一环节也是数字化品控最关键的环节。

筛选出来的冰糖橙又将进行第二次清洗、保鲜、风干、打蜡、人工筛选。一路闯关的冰糖橙，在这里还会再次接受橙脸识别系统和内部品质无损检测系统的数字化检测。

这一番操作下来，过五关斩六将的高品质成品终于筛选出来了。之后，这些橙子将接受自动化等级划分和贴标，并按等级输送到对应的出口进行标准化的定量装箱以及自动化封箱，最后由机器人实现自动堆垛，使每箱褚橙品质一致、大小一致、着色一致、贴标位置一致、包装重量和规格一致。

根据褚氏农业的最新标准，新平老基地的褚橙和龙陵基地

● 珍品褚橙　● 特级褚橙　● 优级褚橙　● 一级褚橙

褚橙的四个等级

的云冠橙按照果子内外部综合品质被分为四级：一级、优级、特级和珍品。2021 年，四个等级的褚橙每箱的统一零售价分别为 108 元、138 元、168 元和 188 元，云冠橙的价格稍低一些，四个等级的云冠橙每箱零售价分别为 76 元、86 元、96 元和 106 元。

这些年褚氏农业的冰糖橙产量一直在增加，但是商品果却几乎没有增加。背后的原因是，褚氏农业一直在有意控制成品率，不断提高等级果的选果标准。

有几组公开的数据可以说明这一点。

2019 年以前，褚橙等级果的成品率为 81%～85%。

2019 年，褚氏农业进一步提高了褚橙的品质标准。升级设备，增加内部品质无损检测分选线，将老基地的褚橙等级果成品率控制在了 60% 左右，将龙陵基地的云冠橙成品率控制在了 50% 左右，在选果标准上严苛了很多。

2021 年，褚橙成品率控制在了约 54%，也就是说几乎一半的冰糖橙不能达到褚橙日益严苛的选果标准，而作为"等外果"在市场上售卖。

老基地行政部主管刘勋告诉我："我们成品率每降低1%，损失至少大几百万。"但是为什么依然要这么做呢？褚一斌的想法很简单，就像其父亲褚时健所说："果子品质要一年比一年好，这样大家才一个带一个来买。"

在被淘汰的冰糖橙中，有很大一类被称为"花斑果"，也就是表皮有斑点、划伤破损的果子。

2009年，花斑果的产量占到了总产量的7%。当年，褚时健就拿自己种的冰糖橙和美国的新奇士橙相比，发现自己种的冰糖橙在整体色泽上已经赶上了新奇士橙，但花斑果的比例太高。褚时健很着急："其实这种果子的味道很好，但不好看。"

2010年，褚时健开始着手"保护橙脸"了。在认真地观察并且翻阅大量书籍后，他发现花斑果一般都长在树的外侧（尤其是上面和迎风面），而长在树内侧的果子表皮都比较完美，他推断是风、树叶的摩擦使得果子的表皮长出了各种各样的斑纹。褚时健的解决方法很简单：减少风吹，减少果子与树叶摩擦的频率。

褚时健让作业长在基地专门划出了一块试验田，在橙树的迎风面搭起三米高的支架，围上一圈细密的防风网。每当起风时，防风网会有效地减弱风力。试验的当年，农民们就欣喜地发现花斑果的数量减少了不少。

看来方向是对的。可防风网的架立并不容易，维护成本也高。能不能找到有效又省力的方式？褚时健又想到了种树，这能有效地减弱风力，操作起来也更容易。在设立防风网、种植防风林后，花斑果的数量果不其然得到了控制，逐年下降。

防风林

▶ 加速度

尽管食客们走进商场,或在互联网上点动鼠标,常年都能找到各种各样的橙子,但褚氏农业产的冰糖橙却只有在每年的11月、12月这两个月才有。如果你在11月之前,或者12月之后还买得到所谓的褚橙、云冠橙,就得仔细瞧瞧真假了。

褚氏农业的冰糖橙从橙树到舌尖的全过程,讲求一个"鲜"字,褚氏农业力求以最快的速度将其送到消费者手里。这样消费者吃起来的时候,才有新鲜的感觉,才能感受到从树上带来的味道。一般柑橘种植企业为了延长橙子的售卖期,会把采摘下来的果子送进冷库保存，但这件事情褚氏农业不会做。换句话说，消费者要是错过了褚橙的售卖期，就得等下一年了。

褚一斌意识到，要想保证品质，必须第一时间把橙子送到消费者手中。从这个角度来说，以褚橙之名做果汁，自然也不是褚氏农业做的事情。曾有人建议褚一斌，将褚氏农业筛掉的"等外果"用来加工橙汁，味道也会比很多企业生产的橙汁要好，但被褚一斌否决了。在褚一斌看来，用橙子做出的果汁，首先是谈不上"新鲜"二字，其次是在做果汁的过程中添加了很多其他的原料，果汁的味道已经不是橙子最原始的味道了。这跟褚氏农业力求达到的"新鲜""原汁原味"已经背道而驰了。

为了让从树上采摘下来的新鲜橙子能尽快到达消费者的舌尖，褚氏农业有严格的时间限定。关于这个时间限定，褚一斌说了一个数字——7。"就是说下树7天以内，果子口感是最好的，因此我们要尽力保证在这个最佳口感期内把果子送到消费者手里。"

褚一斌的助理李剑斌说："褚橙一直是不够卖的。"经销商们自然也明白这个道理，所以每年销售季各个经销商都希望能多拿货，越多越好。能够迅速将橙子卖给经销商，公司自然轻松不少，但褚一斌知道果子的新鲜程度更重要。如果经销商的分销能力有限，或者故意囤货，褚氏农业就不会考虑与其合作。曾经有一家经销商想多囤货，等到市场上褚橙卖完了再卖，以赚取更多的利润。得知消息后，褚氏农业销售部当即与经销商协商下架了产品，并表示："如果双方理念不同，合作难以长久。你们一心考虑利润，而我们要为消费者负责。"

在谈到为什么要跟大型经销商合作而不是直供时，褚一斌说："橙子上市期非常短，为保证消费者能够第一时间吃上最新鲜的褚橙，必须借助诸多经销商的力量。我们的力量现在还很弱小。"

褚橙能够以最快的速度送到消费者手中，自然是由于褚氏农业对品质的不断追求和对消费者信任的回报，然而这背后又何尝不是团队合作的一次次理念提升呢？

2018年，褚时健对家族传承问题的态度已经渐渐明朗，当年的采摘季，褚一斌开始坐镇指挥。由于分家引起了团队分割，褚一斌接手后，从销售团队到选果厂都面临着极大的挑战。

褚一斌手上是一批毫无经验的新兵，此前他的销售经历也无非就是每年从他父亲手里拿到500吨褚橙进行销售，他从来没有参与过选果厂的工作。用褚一斌的话来说："过去，我只能算是老爷子的一个小经销商。"

回忆起2018年的销售季，公司上上下下都记忆犹新。行政部主管刘勋回忆道："我们以前都觉得褚橙的销售很轻松，错误地预估了新团队的处理能力，直到那一年才真正明白了要想快速实现销售，要从选果开始。"

2018年是褚时健种橙的第十六个年头，褚橙创下了历史最高产量21500吨的纪录。褚时健尽管身体不适躺在床上，但喜悦之情溢于言表。这一边，刚接手的褚一斌却表情凝重，一方面担忧父亲的病情，另一方面要把果子快速送到消费者手里，他并不轻松。

因为分家，原有的选果厂不在褚氏农业的名下，褚一斌不得不临时租用两家选果厂。但是租用的选果厂员工除了帮褚氏农业选果外，自己也有选果任务，一忙起来就会把褚氏农业送来的果子先放着。

另外，褚一斌新建的团队从组织采果、物流运输到销售都没有经验。当时负责销售的李剑斌回忆起来依然唏嘘不已："我们团队没有经验，很多东西准备不足，甚至一个果筐就难住了我们。"原来农民们将果子采摘好后，会用有特定标记的果筐装好，以识别哪些橙子是哪家采摘的，这样便于结算。但是因为选果进度跟不上，后续各个环节均流转不畅，每天近1000吨的果子从山上采下来送到选果厂后无法上选果线分拣，只能积压着。积压就必须占用果筐，果子在运输途中又要占用果筐，这样就导致农户们没有果筐采果。

冰糖橙不能等，按照褚氏农业的要求，掉落地上的果子不能作为正常商品进行销售。如果公司临时去外面买果筐，时间上已经来不及，最后只能想办法到处去租。在短短的几天内，团队想尽一切办法才租到了30万个果筐，这差不多等于把在云南能租到的果筐全部租来了。

除此之外，当年的新纸箱设计时没有充分考虑承重问题，出现压坏果子的现象。种种原因，导致当年经销商订货后无法及时出货。两周以后，原本驻扎在现场等货的部分经销商开始撤离，但这时候基地的采果量又慢慢地大起来。

当时，整个褚氏农业上上下下各部门的人员全部借调到选果厂参与选果，并进行销售，通宵作业已成常态。为了应对通宵作业，褚一斌还让助理李剑斌准备了方便面和过夜用的军大衣。

老基地行政部主管刘勋回忆道："2018年褚总的压力非常大，他父亲刚把公司交给他，全公司的人都在看着他究竟能不能把公司带好。"那时候褚时健的身体每况愈下，褚一斌一边忙于工作，一边也希望能多陪陪居住在玉溪大营街的父母。所以整整一个月褚一斌的行程几乎没有变过：早上从公司出发，去两个选果厂检查工作，再到基地组织采果，还要回到昆明组织销售。每两天还要从昆明到玉溪往返一次。那时没有高速公路，从昆明到新平基地开车要五个小时。褚一斌从前很喜欢开车，一直没有专职司机，但每次来回开十个小时的车实在受不了。也就是在那一年，褚一斌配了专门的司机，自己不再开车了。

虽然褚一斌自认为那一场焦头烂额的"战斗"打得一塌糊涂，但是那一年褚氏农业还是实现了两个第一：产量历史第一，销售收入历史第一。

虽说实现了两个第一，可个中问题褚一斌自己不能假装看不见。2018年褚橙口感好，产量大，经销商需求也大，可就因为团队没有经验，暴露了各种问题。痛定思痛之后，褚一斌启动了最为重要的一项工作：建选果厂，而且要在云南物流最发达的昆明建中国最先进的柑橘选果厂。

此外，褚一斌还启动了一系列的改革，为2019年的销售工作做好全面准备，包括根据反馈数据大批量购买采果物资，升级产品包装，并提前做好采果预案，进一步优化作业流程。

在经历了2018年的混乱后，很多经销商对褚氏农业的运营能力产生了质疑，对新一年的销售量也持观望态度。针对这个情况，褚一斌亲自带领团队与经销商沟通，下军令状，让他们对2019年的采果、选果放心。在2019年的销售季，褚氏农业的销售团队又频繁去往全国各地配合经销商开展销售工作，掌握一手信息，跟踪经销商的库存情况、销售情况、流转速度等。对销售好的区域经销商，加快工厂发货速度，对销售差一些的区域经销商控制好发货频率。另外，销售团队还会检查各区域商超的陈列情况、店铺流量情况，与渠道配合做店铺陈列，随时进行策略的调整。

一系列的改革措施，不仅让2019年的褚橙销售完成得异常顺利，也消除了员工们对这个新任掌门人的担忧。原来的经销商继续与褚氏农业签约，新的经销商也蜂拥而至，市场规模进一步扩大。

为了更好地相见

2022年4月，在褚橙天猫官方旗舰店的首页，大大的通告显得格外醒目，通告的标题是"褚橙庄园·沃柑停止销售——为了以后更好地相见"。

这里说的"褚橙庄园·沃柑"来自2013年马静芬开辟的磨皮基地，因为前些年品质还没稳定，不符合褚氏农业的出品标准，所以之前一直在云南本地散卖。到2022年，这个基地的沃柑不仅产量高，品质也好了很多。褚一斌非常开心，专门叫人设计了沃柑的新包装，将其命名为"褚橙庄园·沃柑"，并快速安排选果厂做好包装物料准备及人员安排，准备打开流水线选果。

第一批沃柑上市后，却出现了令人意外的声音：有不少客户反馈，拿到手的果子基本上都软了，且口感不好，略有酸味。听到消息，褚一斌当天连夜驱车4个小时赶到了昆明的选果厂，要求基地、选果厂和销售人员一起找出原因。最后发现，是由于基地气温较高、天气干，白天采果时温度都在30℃以上，卡车运输途中又一直用篷布盖着，到达选果厂后也没有及时通风，而沃柑本身又没有冰糖橙耐放，且外皮更薄，捂的时间长了，果肉也就变酸、变软了。

这个问题并不难解决，按照技术要求，让沃柑在采后24小时内自然降温即可。但褚一斌当即决定，将包装线停产，剩余的沃柑分选后全部交给经销商，按散果处理，不再用"褚橙庄园"的品牌包装盒。按照磨皮基地2022年的沃柑产量约8000吨计算，装箱与散装每千克差价为10元，这一决定至少让褚氏农业损失了约8000万的收入。"决策非常困难，但品质是第一位的，达不到标准就等达到标准再上市！"褚一斌有些无奈，但是又不得不做这个决定。

事实上，他们口中的"达不到标准"也是相对而言的。销售部考察市场的时候发现，这些作为散果在云南本地市场卖的沃柑没几天就已经销售一空。

沃柑的运输问题在我国农产品领域绝非个例。有数据显示，我国生鲜农产品流通过程中的损耗率高达20%～30%，而发达国家仅为1.7%～5%。这种损耗主要来自三个方面：其一是流通过程中的频繁倒筐引起的机械损伤；其二是生鲜产品从产地发运时其包装便以纸箱、泡沫箱等一次性包装为主，包装不够结实、耐用；其三是温度过低或者过高造成生鲜产品冻伤或者加速变质。

放眼国际市场，新西兰佳沛奇异果在水果物流保鲜环节可以说将标准化做到了近乎完美。为了适宜国际长途运输，佳沛专门定制了冷链运输轮船。从新西兰将奇异果船运到中国需要14天，在佳沛的定制船上，奇异果被储存在0℃～2℃的冷库中，使损耗率降至5%，远远低于中国猕猴桃10%～15%的运输损耗率，且历经长途跋涉后果子依然饱满漂亮。

负责本次运营沃柑的团队事后也承认，各种考虑不周，给了他们一个大教训。等2023年再战市场时，定不会再犯这样的错误。

如果说沃柑的物流保鲜标准仍处于初期的探索阶段，那么褚氏农业旗下的褚橙、云冠橙的物流保鲜标准则已经相当完善。针对冰糖橙的物流运输损耗问题，褚氏农业没少在细节上下功夫。

首先，大量引进了标准化周转筐，避免出现从采摘到运输环节频繁倒筐的问题。这样不仅做到了从果子采摘到销售环节零倒筐，还大大提高了工作效率。

其次，每年都对冰糖橙的包装盒质量进行提升。将原来的一片式包装箱改为天地盖式，纸箱厚度也增加了不少。在快递给消费者时还会使用专用的快递包装盒。一位从天猫褚橙官方旗舰店购买了褚橙的朋友告诉我们,刚刚收到寄到家中的褚橙时,她的内心是疑惑的,大名鼎鼎的褚橙包装也太普通了吧?这和普通水果包装有什么区别?然而当她带着这种疑惑打开外层的快递包装盒时,随即"哇"了一声。虽说是水果,但褚橙的包装之精致让她体会到了拆礼物的感觉。

此外,褚氏农业还针对冰糖橙专门制定了物流保鲜标准,并严格落实到终端。冰糖橙水分较高,容易受到采收的损伤和微生物的侵害,果子的自我呼吸又会产生比较大的热量。为了预防后期腐烂和霉变,送进选果厂的橙子必须在24小时内送上选果线,进行清洗、保鲜、烘干,从而延长冰糖橙的保鲜期。

在运输途中,褚氏农业对温度控制则更加讲究。冰糖橙上市的时间是11月和12月,此时全国大部分地区天气已然比较凉爽,尤其是北方已经进入冬季,温度较低。一箱箱的冰糖橙通过大货车运输,全程保持货仓干燥、清洁、无异味,快装、

工作人员在进行出厂前的堆箱检查

快运、快卸，同时还得轻拿轻放，不能日晒雨淋。褚一斌曾说："冰糖橙像林黛玉，热不得，冻不得。"气温稍高一些时，司机师傅要每隔几个小时专门停车打开篷布、箱盖通风降温；当气温降到4℃以下时，又要堵塞通风口，给橙子盖上厚实的覆盖物做好保温工作。

褚氏农业并不是没有自己的冷库，但一般不用，只在应急的时候才会使用。可即便如此，冷库依然有着详细的贮藏标准。这套标准不仅适用于褚氏农业自建的仓库，而且成为褚橙经销商的执行标准。

以与褚氏农业合作最为密切的经销商之一本来生活网为例，其在全国的经销网中，常温配送城市550多个，生鲜配送城市109个。为了最大限度地保障褚橙的原始口感、营养，本来生活网对冷链物流流程中的包装、运输方式进行了反复测试，并积累了大量数据，最终打造了为褚橙量身定制的冷链物流团队和体系。

正是有了本来生活网冷链物流"因地制宜"的运输措施，才保障了褚橙在销售环节中的品质，带给消费者最佳体验感。与本来生活网合作的成功也成为褚氏农业寻找渠道合作的重要参照。2022年，褚氏农业正在尝试与合作了三年的全国连锁水果门店百果园探讨物流配送直达大仓的新方式。

作为中国农产品的领军企业，褚氏农业长久以来严苛的物流保鲜运输标准，让褚橙以近乎完美的状态到达消费者的手里。从生产到分拣，再到包装、转运，最后销售到全国各地，每个环节都以标准化而备受赞誉。褚氏农业在物流保鲜标准化之路上的探索,无疑也为中国生鲜农产品物流标准化发展提供了可供借鉴的价值。

有身份证的橙子

打开褚橙的包装,稍留心的消费者都会注意到,在买来的褚橙金黄的外皮上,贴着橙黄色的椭圆形果标,其内容主要分为三个部分:上 1/3 处是半个橙片图案,中间是大大的褚橙品牌字样,下 1/3 处则印有"褚氏农业出品"字样。

这是专属褚橙的身份证,也是褚氏农业为保护品牌和消费者权益所进行的又一次尝试。

自从褚橙的销售掀起热潮,随之而来的假货问题就一直困扰着褚时健和褚一斌父子二人。

最初有朋友给褚一斌出了个主意,让他给每棵果树都编上号,让消费者知道自己吃的是哪棵果树结的果子。褚一斌没说话,顺手拿起桌上的两个橙子,切开递到朋友的面前请他品尝。朋友看了看面前的橙子,拿起来尝了尝,褚一斌问他感觉这两个橙子味道怎么样?朋友当即回答:"一个酸一点,一个甜一点。"褚一斌笑了,对朋友说:"这两个橙子都是从同一棵树上摘下来的。"即便是同一棵树上结的橙子,因为位置、光照、营养吸收程度的不同,在口感上也会有差异。朋友的这个想法很快被褚一斌否决了,这样做没有意义。同一棵树上结的,有符合标准的橙子,也有不符合标准的橙子。但最终能贴上果标的,一定都是通过筛选的成品橙子。因此,重要的不是哪棵树上结的,而是哪些橙子符合标准。筛选后符合标准的橙子,就要给它们打上专有的"身份烙印",也就是贴上果标。

果子品质不比国外品牌的差,果标自然也要体现品质。

在深入市场调研后,褚一斌选择了辛克莱国际有限公司在泰国生产的果标,该公司是全球鲜果蔬贴标设备的领先供应商,世界主要的水果产区都在使用它的设备和果标。这种果标具有很好的附着力,可以牢牢地贴在果皮上还不会损伤果子,用手一揭很容易就揭下来,且无破损和残留。

在果标的设计上,褚一斌要求,既要简约、清晰、易识别,又要体现活力、清新、紧扣主题。贴标机的选择,既要匹配褚橙每日最高 1300 吨的选果量,又要保证每一个果标都贴得正、贴得牢、不伤果、无遗漏。

2019 年,第一批贴有"褚橙——褚氏农业出品"果标的冰糖橙进入市场,起初的确起到了一定的辨别效果,消费者即便只通过果标也能清晰地辨别"褚氏农业出品"的冰糖橙的品质差异。

随着时间的推移,褚一斌却发现仍旧有很多朋友兴致勃勃地告诉他:"我今天买了褚橙,终于吃上了你家的褚橙……"但棘手的是朋友会婉转地表达褚橙不怎么好吃的感受。褚一斌让他们拍照片发给他看,一看发过来的照片,褚一斌哭笑不得,只能告诉他们这根本就不是"褚氏农业"出品的。

尽管这些照片中的冰糖橙表皮上也有果标,但是仔细看就知道是仿制的。褚一斌说,每次新果标设计出来后,都会有一些商家很快将新果标模仿出来。虽然在对比的情况下能够看出果标品质的差别，但消费者哪里会仔细研究，只要看到褚橙这两个字就买了。

能不能有一种方式可以直接让官方进行验证呢？实际上，褚橙的包装箱都贴上了带涂层的防伪标贴。只需通过扫码进入"褚氏农业"官方公众号，在防伪查询栏中手动输入唯一的防伪数字串或者扫码就可以鉴别真伪。需要注意的是，由于每组数字串只能有效查询一次，因此需要在首次查询时注意查看查询结果。

当被问到为何要扫码进入公众号后才可以追本溯源，而不是微信扫码直接鉴定的问题时，褚一斌的助理李剑斌说："前两年，有商家居然把我们的公众号也模仿出来了，逼真到将我们公众号上所有的文章都搬了过去。消费者扫码进去后看到的，看似是一个公众号，实际上只是一个假冒的网站。但消费者根本不会花大把的时间去区分哪个是真，哪个是假。让消费者扫码进入公众号后再验证，虽然复杂了一些，但保障性是足够强的。"

很多人不知道的是，"褚氏农业"官方公众号是2018年褚一斌正式接手后才开通的。之前的褚橙公众号因为运营主体不是褚氏农业，积累下来的粉丝也一直没有办法迁移。因为"褚氏农业"公众号开通时间晚，所以粉丝量也不多。在"褚氏农业"公众号上，有一个小橙子的卡通形象。褚一斌想通过这个人格化的小橙子来宣传一些正能量，让客户和大众一步步去了解褚氏农业这家公司和它的企业文化。

褚氏农业的官方公众号

很多消费者熟悉褚橙,但不一定熟悉褚氏农业。"我们公众号的后台数据显示,查询溯源码的目前都是一些熟悉褚橙的老粉丝,新客户查询得仍然比较少。"褚一斌对此也有几分无奈。

与此同时,褚橙包装箱也进行了升级,以橙色为主基调,配上米色的底色。主图标的橙子形象不仅清晰地展示了包装盒里的内容,也创造性地添加了橙子的纹路,摸起来凹凸有致。正面"人生总有起落,精神终可传承"的标语更是创始人褚时健留给后人的精神食粮。在箱体另一侧,有带"褚氏农业出品"字样的反光彩条。

褚一斌告诉我,"褚氏农业出品"这几个字一般人不敢模仿,尽管这几个字目前还没有褚橙"云冠橙"那么有知名度,但确实是正品的重要证明。

这几年，褚一斌一直在推进"褚氏农业"概念前置的事情，努力让消费者、经销商和媒体都能理解褚氏农业与褚橙、云冠橙之间的隶属关系。他想向客户传递的关键信息是，只有褚氏农业出品的才是正宗褚橙。消费者清楚了褚橙和褚氏农业的关系后，可以更快捷地辨别真正的褚橙，这能够让消费者建立起"褚氏农业 = 好产品"的信念，也可以为褚氏农业后期打造多样化产品体系进行认知铺垫。

从效果来看，这种努力这两年也逐渐显现出了一定的正向结果。"褚氏农业"在网络上的关键词指数，包括微信指数、百度指数等都在逐年上升，说明这种关系的梳理已经触及了很多消费者。

对不起，你买的不是褚橙

每年 11 月和 12 月是褚橙上市季，老粉丝们等待了一年又到了尝鲜的时节。新粉丝们出于好奇也想尝尝这大名鼎鼎的冰糖橙究竟有多神奇。但放眼各个线上线下平台、水果店，各种各样的冒用褚橙之名的橙子，让人眼花缭乱。很多人感叹道："想买真褚橙，怎么那么难?!"

我们团队曾经于 2022 年 8 月在淘宝页面上做过一个测试，在搜索栏输入褚橙二字进行搜索，除了尚未上架任何产品的"褚橙官方旗舰店"，剩下带有褚橙二字的店面全都是非"褚橙农业出品"的冰糖橙和一些果汁产品。很多人并不清楚到底哪个才是正品,只要看到有褚橙"褚时健"等字样,或者看到有褚老头像就直接下单了。许多线上商家,还会将自己的橙子打上一些模糊的标签或关键词,例如"玉溪""哀牢山""新平"等,尽量有意识地拉近自己的产品和褚橙的关系。结果买来之后,不少人觉得一般,把这种感受向周边传播,对褚橙品牌造成了恶劣的影响。

这种情况的出现,褚一斌自己也承认与"褚橙"之前在品牌保护和商标管理方面疏于管理有关。我们在梳理相关资料的过程中发现,一些打擦边球的商标已经被抢注,如有的企业注册了"戛洒褚橙""特褚橙级"等,在名字上玩文字游戏,在包装上也竭力进行模仿。

除了概念模糊和打擦边球的问题,市面上还充斥着很多假的褚橙。因为5元一千克的橙子一旦装到褚橙的箱子里,就变成了30元一千克,中间的利润差距太大了,导致有不法分子铤而走险。假箱子的成本只有25元一套,不仅带果标,还有防伪标。

不法分子的反侦察能力也很强。他们不仅关着门偷偷加工,门口有人把风,而且一般选择周五晚上开始装车,装车时都是采用小三轮车运到一个地点,再统一送上大货车。前销售负责人李剑斌说,如果他们查到60箱,可能背后已经有超过10倍的出货量。

为了应对高价回收真箱子的情况,褚氏农业每年都会对包装做一些微小的改变。开产品说明会的时候,工作人员摆出来的是上一年的箱子。不法经销商就拿那个箱子去伪造第一批假

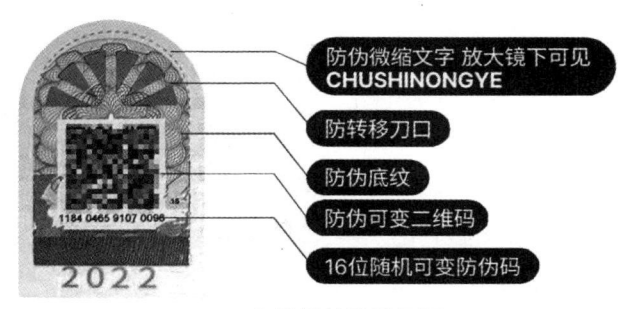

防伪微缩文字 放大镜下可见 CHUSHINONGYE

防转移刀口

防伪底纹

防伪可变二维码

16位随机可变防伪码

2022 年褚橙的防伪标识

货出来，结果等到褚氏农业的真箱子出来时才发现不对，连忙去修改。现在褚氏农业每年的新包装，都会印上当年的年份，比如 2021 年就在包装箱上直接添加了"2022"的字样。

除此之外，早几年还出现过内外部勾结偷果子的情况，尽管这些果子不能算是假货，但是被偷出去的果子又掺进了其他果子，再卖给不知情的消费者。2019 年的采果季，采果工作只持续了 35 天，还没达到预估产量，结果负责人就上报说果子采完了。褚一斌意识到出问题了，但为时已晚。最后一摸底发现，当年损失的数量可能达到千吨。

针对这些情况，公司在 2020 年组织了一个由 30 多人组成的外部团队进行监察。外部团队来了，多年来习惯了钻空子的人依然没有放手，利用各种各样的手段企图贿赂团队。褚氏农业的管理团队很有策略，将团队里的人员频繁调岗，使钻空子的人成本大幅度提高。其中有一个人刚刚被贿赂，收了 2 万元现金，贿赂他的农户告诉他："凌晨两点我们有一车货往外运，你就睡着就行了，2 万块钱就是你的。"结果这个人突然被换岗，想偷果子的农户就着急了,找他要钱,两边就闹起来了。这么一闹,事情就完全曝光了,其他人也不敢了。

还有农户会利用运送空筐的机会,在空筐下面放很多装满了果子的筐,如果检查的人只看表面就发现不了。最多的时候,一车"空筐"被查出来装了将近一吨多果子。一旦被发现,大部分情况,农户会老老实实认错。但是也有极端的情况,个别人被发现后,居然开着车直接冲拦车杆。褚一斌说:大多数农户是很守规矩的,因为每户每年有10万~20万的收入,没有冒险的必要。

除了偷果子,处理捡漏果的问题也是一场硬仗。每年采果结束,树上总是会剩下一些果子。每到这时候,周围上千号的村民就会漫山遍野地捡漏果,十几年来已经养成了习惯。捡漏果给褚氏农业带来了两个伤害:其一,有的农户与村民内外合谋,会故意留一些在树上;其二,对树的伤害很大,来捡漏果的村民没有专业的采摘方法,直接拽树枝,踩断大枝的现象也层出不穷。针对这种情况,褚一斌2019年全面接手后就对外宣布"禁止捡漏果",随即采取了一系列的措施,包括获得公安机关的支持,向周边村民宣传,竖立警示牌,等等。当然,褚氏农业每年也会主动送一些橙子给周边的村民们品尝。经过这样一番操作,到2020年捡漏果的现象终于得到了遏制。

对周边村民将自家种植的橙子摆在地摊上,然后打着褚橙的旗号向路人销售的情况,褚氏农业选择了不发声,就当给周围的村民提供一点附加价值。褚一斌有时候在路边看到有打着褚橙旗号散卖橙子的,甚至还会去照顾生意,买上几斤尝尝,看看老乡们的种植技术到什么水平了。

市场上滥竽充数的局面，是这几年令褚一斌最为揪心的事之一，管理层也都意识到了褚氏农业亟待加强对销售渠道的掌控力。

当前，褚氏农业已经建立起了一套线下的两级特许经销商制度。经销商只分两级，其中一级经销商包括鑫荣懋、金果源、爱泽阳光、百果园等。这些一级经销商又辐射至很多终端经销商，如鑫荣懋主要辐射至华南的线下终端渠道，爱泽阳光主要辐射至华东、华北的线下终端渠道。另外还有单独的二级经销商，包括河南万邦中泰、浙江叶氏兄弟、贵州首阳等。

为什么只设两级经销商，而不是向市场伸出更多的触角？褚一斌对此的考虑是，褚橙、云冠橙不愁销售，基本上处在供不应求的状态。每年还没开始采摘，订货量就达到了预估的70%～80%。剩下的不是没有经销商签约，而是褚氏农业考虑到万一预估产量有误，最终无法提供给经销商需要的数量，导致违约就不好了。更重要的是，如果经销商层级过多，褚氏农业对渠道的掌控力就会很弱，假货可能会更多。

即便是实行两级特许经销商制度，也会出现消费者混淆的情况。比如有些全国连锁的零售终端，不是褚氏农业直接供货，而供货的一级经销商在这些零售终端的有些区域供货，有些区域则不供货。在那些不供货的区域，其他打擦边球的冰糖橙就可能会进入零售终端，让消费者误以为买到了真的褚橙。

其实一些经销商也会积极地配合褚氏农业做好帮消费者辨别真伪的工作。褚橙某一级经销商西南区域的负责人说，2021

年他们对下面分销商销售系统中的线上销售量进行跟踪，保证分销商的销售量和订货量对得上。有的经销商甚至专门在自己的加工厂区内为褚橙修建了单独的仓库，在里面安装了全方位无死角的摄像头。褚氏农业的货车抵达那个仓库门口时，就已经开始进行实时监控，送货车的车牌号、每批次的进货量、卸货的件数、装货的件数，这些都要能保证一一对应。经销商说，目标一致才能共赢。虽然褚橙的打假不是他们的工作，但也要配合褚氏农业一起维护褚橙的品牌和声誉。

消费者除了向官方认定的线下经销商购买正宗的褚氏农业出品的产品外，也可以直接通过线上渠道购买。

褚氏农业自建的线上渠道其实不多，大部分都是授权经销商在网上建立的渠道，官方建立的只有天猫"褚橙官方旗舰店"、抖音"褚橙旗舰店"、拼多多"褚橙旗舰店"。另外就是与褚橙携手十余年的本来生活网，它的团队每年都会走进褚橙果园，由水果买手现场直播讲解当年褚橙的整体生长情况。

天猫"褚橙官方旗舰店"、抖音"褚橙旗舰店"

对待打假，褚一斌的做法在外人看来不仅"不够狠"，甚至他连解释都很少对外做。对此，褚一斌解释说："我只要告诉消费者我是谁，没必要说其他人的坏话。褚氏农业要做的，就是继续老老实实把产品做得更好，终有一天消费者会知道什么才是真正的褚氏农业出品！"

第五章

当科技遇上农业

- 肥料配方持续升级。2019 年，肥料的配方中加入了菌渣；2020 年，为了提高有机肥品质，增加坚果油粕、菜籽油粕以及褐煤；2021 年，根据树势加了功能菌和中微元素，使肥料进阶为生物有机肥。

- 基于大数据和人工智能技术，将最适宜冰糖橙种植的土壤、气温等条件全部数字化，形成褚氏农业的"农业知识图谱"。

- 将内外部的科技力量汇聚在一起，组成了一座不设院墙的"农科院"。

- 科研人员通过不断的试验，建立土壤的营养结构、含量与果实品质之间的因果关系。

- …………

与很多企业家一样，褚时健、褚一斌都非常重视自己在推动产品品质提升上所能发挥的作用，注重科技应用与产业需求的结合。比较而言，褚时健走的是稳健工业风，主要精力花在探索推进农业规模化、标准化上；而褚一斌则让农业的数字化气息更加浓郁，用数字让产业链条更加顺畅、高效。

褚氏农业的"农科院"

在新平老基地褚橙庄园门口，可以看到湖边有两栋橘红色外墙的二层小楼，其中一栋就是与中国农业大学、国家农业绿色发展研究院、中国绿色食品产业发展研究院、云南省绿色食品发展中心、云南农业大学、西南大学、福建农林大学等科研院所和高校共同建立的柑橘产业－褚橙科技小院。旁边停着的皮卡和电动摩托，是师生们下地的交通工具。这是褚一斌特意给师生们准备的，他说："跑作业区不会开皮卡不行。"再往前，就是褚氏农业在2003年褚时健刚开始种橙树时就建立的实验室。

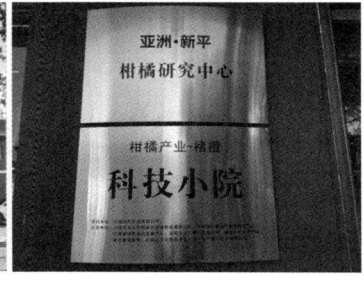

柑橘产业－褚橙科技小院和实验室

褚氏农业历来都在积极探索自有技术的同时，理性引进、消化外部技术，为水果的种植赋能。褚氏父子二人一直秉持着"开放共赢"的理念，吸引和联结多优质科研资源，切实解决产业痛点。

不管是在新平老基地，还是在龙陵基地，你都能看到农业领域科研院所和高校的人员在田间地头做研究，能看到公司生产技术专家开展业务培训讲座并一起讨论解决方案，能看到这些技术专家与高校教授交流分享……从引进专业人才，聘请专家进行内部辅导，建立自己的实验室，到邀请高等院校长期驻场合作，成立科技小院，再到成立技术中心，对外输出、推广自身积累的技术，内外部的科技力量汇聚在一起，组成了一座不设院墙的"农科院"，让褚氏农业在中国种植行业中独树一帜，在种植管理上占据了行业制高点。

在新平老基地建设之初，褚时健就先后投入了上千万资金用于生产基地的科学规划。不仅科学、前瞻地测算果园用水量，使整个果园生产、生活用水充足，而且部分施肥、打药工作也实现了自动喷、滴灌。2011年，褚时健又与科研团队一起制定了《新平县优质冰糖橙综合标准》，并通过第六批全国农业标准化示范区项目评审，为规范当地冰糖橙种植奠定了基础。

面对农业生产中诸多不可控因素，褚时健意识到冰糖橙的产量与品质不能全依靠气候，必须充分发挥技术团队的主动性。为保障投入品的绿色安全和产品的品质，技术团队在长期实践摸索中研制出独家有机肥，并投资建厂自行生产。为随时了解空气湿度、积温、降水量等的要素变化，基地甚至建立了企业气象观测站。

其实早在褚时健在玉溪卷烟厂工作时，为了让科研工作更好地服务于生产一线，他就采取了"定题目、给经费"的科研式攻关克难的办法。由企业提出生产中实际遇到的问题，再借助大专院校和科研机构的力量去研究解决。同时，褚时健也希望通过跟科研院所的联合研究，帮助科研部门消化吸收国内外新技术成果，让双方都受益。

褚时健当年之所以选择在哀牢山地区种植橙树，有一点考量是玉溪市的柑桔研究所就在临近的华宁县，而且这个研究所专门研究冰糖橙的种植技术，能为后续产业的形成提供有效的技术支撑。除了为公司聘请掌握专业技术的员工外，褚时健还联系到了同在华宁县的牛山柑桔实验场，聘请该试验场技术人员作为果园长期的技术辅导员。

对比主要依靠主观经验的传统果树种植产业，褚氏农业的实验室为橙树种植产业带来了工业化气息。实验室一开始只能做糖、酸以及维生素、氨基酸等营养成分的测定，后来逐渐增加了 15 项土壤检测、11 项叶片检测，并且还有有机肥、化肥含量检测等项目。在根据果树的营养情况进行科学施肥的同时，褚氏农业也培养了自己的科研队伍。

现今，农业产业的发展趋势已经由单纯追求产量为主的数量型，转向追求品质为主的质量型。褚一斌也在不断思考如何让农业科技与产业发展更紧密地结合，共同精准、高效解决种植中遇到的问题。他曾经这样评价农业科技专家的作用："他们是高智商、高知识结构的人群，在专业上花了几十年的时间去研究，必然有他们的价值，这个价值又正好是我们缺乏的。"

为了能把龙陵基地的冰糖橙种好，褚氏农业做了大量"政校企"的合作工作。在褚氏农业的推动下，保山市、龙陵县、勐糯镇的各级领导于 2017 年专门到华中农业大学进行考察交流，并与中国工程院院士、现代农业（柑橘）产业技术体系首席科学家邓秀新进行交流。不久，邓秀新院士又率专家组一行，在政府和企业人员的陪同下专门考察了龙陵基地。同年，邓院士的院士工作站在龙陵县勐糯镇褚橙基地正式揭牌。

院士工作站建立后，为了扫清专家与农户之间的语言沟通障碍，褚一斌专门组织建立了一个沟通小组，在专家、农民之间搭建了沟通的桥梁，将专家能力与种植痛点进行价值融合。

2021 年 10 月 23 日，在云南省农业厅的支持下，由中国工程院农业学部副主任、中国农业大学教授张福锁院士亲自挂帅，中国农业大学教授李晓林、云南农业大学教授汤利等多位专家带队，褚橙科技小院正式挂牌成立。这一天正好是二十四节气中的霜降。俗话说"霜降时节，万物毕成"，选在这个日子将科技与农业结合，预示着褚氏农业未来大有可为。

近几年，随着物联网技术的兴起，遥感技术在农业中也得到越来越多的重视。无人机遥感技术作为数字农业的新型技术，对监测作物水分、营养等数据具有高时效和大范围作业的优势。我们团队参观褚橙庄园时，曾遇到河海大学遥感技术团队的专家、教授们在田间地头工作。褚一斌希望借助他们团队的力量，探索农业遥感技术"产学研用"，重点突破遥感技术在树体营养诊断上的应用。

除此之外，褚氏农业还开展了许多工作去帮助当地农户形成科学种植理念，推广现代农业实用技能。即将投入使用的褚氏农业培训中心，将按照褚橙种植生产管理标准来组织学员培训。按照褚一斌的想法，这个培训中心将免费接纳来自全国各地的学员，除了不收学费和免费吃、住外，还计划为每人每月提供 1500 元津贴。学员们可以一边在课堂上听取专家、技术人员的理论讲解，一边在褚橙老基地的田间地头直接参与实操，将种植理论知识与果园实践相结合。通过这种方式，褚氏农业希望能够打造职业技能人才"双创"孵化中心，为柑橘产业培育一批高素质人才，让技术优势外溢。

作为柑橘产业的龙头企业，褚氏农业在运用科技为农业赋能方面走到了前列，对科技资源起到了非常积极的联结、转化和促进开发的作用。外部科研团队和内部技术团队一起，从土壤养分、作物成长规律、营养管理等多个方面入手解决产业的实际问题，不仅为褚氏农业树立典范，也为整个中国的柑橘产业树立了一个典范。

捣土

"孟母三迁"是我国广为人知的故事,这个故事说明了环境对人成长的影响。果树的成长也是同样的道理,土壤等生长小环境亦会对果子的品质产生重要的影响。除了依靠天然的土壤环境外,我们也可以借助科技人为地改善小环境,助力果树生长。

当年在玉溪卷烟厂时,美国考察之行让褚时健重新对烟叶种植的土壤环境进行了审视与思考。褚时健发现,弗吉尼亚州的烟农在种植期间会定期检测土壤中各种微量元素的含量,并根据土壤的具体情况决定需要补充的微量元素,再利用专业的施肥机器对烟叶进行施肥。

在新平老基地的建设初期,褚时健就在专家的指导下根据土质和冰糖橙的种植需要对土壤进行改良。褚时健种的橙树,每棵树一年几乎要施15千克的有机肥,不仅让树体营养得到提高,也使团粒结构开始形成,土壤更加透气。除此之外,基地每年都要对大量的土样、叶片进行检测,这对第二年的生产,特别是植保营养具有重要的指导作用。

农作物所吸收的养分,一部分来自土壤中储藏的养分,另外一部分则来自外部的肥料。不管是褚时健还是褚一斌,都一直强调施肥要讲究效率,并不是施肥越多越好,在保障果树充分吸收土壤提供的养分的同时,尽可能减少肥料的用量。为此要多研究土壤养分供应规律,了解土壤养分的基本丰缺状况、供应量、供应动态，以及与作物养分需求的匹配度，做好土壤管理。

土壤管理相当于种植企业生产流程的起点。果园的实际情况各不相同，土壤里面的营养结构、含量也不一样。等到10月底果子成熟时，就可以切身感受到生长在不同土壤中的果树之间的差异。只有在实地测量出来这些差异后，种植人员才能准确了解果树需要补充哪些营养、补充多少。在很多次与科技小院师生一起召开的会议上，褚一斌都建议："科技小院的师生们有时间要多到地里去看看，尤其是差异比较大的地方，不光要有感受，还要有数据。"

为了让土壤更适宜冰糖橙的种植，需要对土壤的有机质、营养元素、酸碱度等有清晰的了解，这样才能有针对性地对土壤进行改良和升级，从而为果树的生长提供基础数据支撑。为此，褚氏农业的技术团队和科技小院紧密合作，从2021年10月开始，系统地开展了基地的土壤普查。根据计划，本次土壤普查的要求是：在每个农户的果园中选择三排相邻的树，在每排树中选择三棵长势相近的树，在每棵树的滴水线——树冠枝梢的外沿向内20厘米处，选择适合的地点进行取土，取土深度是0~20厘米、20~40厘米，也就是在每个农户的果园中钻取两个土层的18份土样。

土壤普查听起来就是一句话的事，但做起来真不容易。

以取土样来说，主要目的是测量土壤中的有效性养分，也就是植物能吸收的部分。各小组需要先在一块地里一起取土，熟悉取土流程和相关标准，在掌握标准以后就分头去取土。小组内部分工合作，果园定位、选择合适的果树、取样，同时用仪器测量土壤紧实度。这也是一项重要的物理特性指标，其数值大小会影响作物根系的生长，常用来评价土壤耕性。另外，各小组还要选取两个地点的团聚体样本，团聚体的稳定性直接影响土壤表层的水、土界面行为，与降雨入渗和土壤侵蚀关系十分密切。

在具体操作时，工作人员首先要固定好土钻，再用双手握着锤子用力砸下去，这确实需要有把力气。有的地方土壤特别紧实，如果想要采集更深土层的土壤就更费力了。装土样时要避免土钻把样品袋戳坏，所以要把它放平些，用螺丝刀把土壤撬出来，这又要求工作人员细致、有耐心。之所以要对不同深度的土壤分层采样，是因为不同土层中营养元素的含量有很大差别，必须仔细分析。

由于果园土壤中还有不少大小不一的碎石，包括未风化和已经风化的石块，这也给取样工作带来了不小的难度。实操过程中，锤子都敲裂了好几个，小院的师生们谈笑风生："看，锤子也累了。"白天取样测量，转移不同阵地，然后欢声笑语把家还，晚上把新鲜的土样过筛，风干土样和团聚体。

接下来就进入了磨土阶段。为了避免破坏土壤结构，样本全部要用研钵手工磨碎，不能用仪器打碎，所以也算得上大工程了。

因为基地土壤中的石头占比较大，还需要将石头单独拿出来称重，这让磨土的进程变得更加缓慢。其间不时有人来庄园参观，在路过实验室看到科技小院的师生们在磨土时，大多会好奇地在窗前驻足观看。其间也会有人来问他们在做什么，毕竟在大家的印象中被研磨的通常是草药，而不是土。在我来到褚橙庄园的第一个晚上，月光清明，湖面上泛着淡淡的银光，我恰巧在湖边的一棵大树下看到一个小伙子拿着一个木杵在盆里捣着，这让我联想到"玉兔捣药"的画面。我不禁好奇地问褚橙庄园的工作人员，这是在干什么？对方告诉我这是对土样进行过筛，我才恍然大悟。

在土壤采样的后期就开始了对果径的测量，工作人员要在施用不同肥料的果园区域中随机选4棵树，再分别从东、西、南、北四个方向同一高度各剪取一个果实。同时，还要对这片作业区内高产高质、高产低质、低产高质、低产低质的果园区域进行果实采样。

果子采摘结束后，又开始叶片取样。工作方法也是大家先一起取样，熟悉了流程后就分成两组进行叶片取样。叶片取样的要求是：每个点要选5棵树，每棵树采20片新发的叶子，要围绕树体均匀地采集。

土壤、果实和叶片取样的过程都是非常费力的，如果遇到雨天就更加麻烦。下雨天路面洼积水不说，本就崎岖的路也变得更加泥泞湿滑。长了苔藓的地方经过雨水的冲刷，滑得就像缎子。沾满了泥土的劳保鞋很快就丧失了摩擦力，需要时不时就清理鞋底。

通过普查工作，褚氏农业建立了土壤、果实和叶片的普查档案数据库。

如果你现在来到褚橙科技小院的土壤档案室，会看到整整齐齐的一大柜子土壤样本。这些样本会保留10年，以便追溯整个研究过程是否合理。每个袋子上都注明了取样日期、土地编号和深度等信息。如果仔细看这些袋子中的样品，除了土壤，你还会发现一些碎石。其实在传统的测土分析中，土壤中的石头一般都会被直接剔除。但由于新平老基地的土壤里面石头含量很高，如果不考虑石头的因素就会严重影响数值的科学性，所以在测定过程中会把石头也算进去。他们采取的办法是先计算石头体积在土壤中的占比，然后再换算出土壤养分含量的比例。

未来，褚氏农业的技术人员将通过对这些样本的动态分析，找到每个地块产量和品质提升的限制因素，为下一步对柑橘专用肥、水分灌溉管理、土壤酸碱度、土壤微生物以及生物多样性等要素进行研究提供基础数据。

土壤档案柜

◆ 不断升级营养餐

"'人是铁,饭是钢,一顿不吃饿得慌。'我们人要吃饭,果树自然也需要吃饭。"褚一斌笑着指了指面前的餐盘,就肥料对果子的意义打了个形象的比方。

传统果树种植过程缺乏标准化、科学化的树体营养管理,体现在果子上主要就是口感不理想,更不用说稳定性了。与人一样,橙树要吃营养餐,也要讲究吃得安全、吃得营养、吃得科学。

很早的时候,褚时健就定了一个原则:不准使用商品化学肥料,必须施有机肥料,"否则口感肯定保不住"。他配的肥料,是头年就准备好的有机肥,主要是将鸡粪沤好后储存在大池子里。2003年以后,他开始往里面加入糖泥和草炭。

到2005年,他又创造性地在有机肥中加入了烟梗,这可以说是褚时健的独门诀窍。在卷烟厂工作期间,他就知道烟梗的有机质含量很高,特别是钾的含量,几乎到了7%。当时他老琢磨这些烟梗该怎样二次利用,没想到几十年后他在种橙时用上了。

加入这几种有机质的独特有机肥,对果园产生了巨大作用。一棵果树一年要施15千克左右的有机肥,这样不仅果树的营养会得到提高,特殊肥料也使土壤团粒结构开始形成,土壤更加透气。2002年,果园基地的土壤有机质比例不到1%;而10年之后的2012年,基地的土壤有机质比例就接近2%了。

此后，果园基地的土壤有机质比例就长期维持在2%以上。相关研究表明，土壤有机质比例在2%以上的果园，其产出的果子符合优质果标准的占90%以上，并且每年产量都比较稳定。而我国大多数果园的土壤有机质比例平均不到1%，且长年大量施用化肥，土壤板结严重、透气性差，果树长得不好，效益低。

基地扩大后，褚一斌依然保持着对有机肥研发与使用的重视，持续对有机肥的研发和配方进行调整。

为了便于获得大量、稳定的有机肥原料，工作团队通常会就地取材，因此需要在基地周边进行考察。在考察龙陵基地时，工作团队发现该基地周围的有机肥原料非常丰富，有牛粪、羊粪、甘蔗渣、糖泥、烟囱灰、烟末等可供利用。

在采购原料时，技术部门需要进行抽样检测，以有效规避烧根、重金属超标、激素超标、抗生素超标等问题。在褚氏农业的另外一块基地——陇川基地，在采购有机肥的原料时，基地工作人员曾发现附近有免费提供的猪粪，并想充分利用这一原料，但技术人员不久就发现一个问题：当地的猪出栏快、皮红毛亮，猪粪存在重金属超标的情况。用这样的原料生产有机肥可能会有负面影响，不符合褚氏农业生产好产品的理念。褚时健很早就跟褚一斌交代过："我们做产品不能只注重眼前利益，只算眼前的经济账，却忽略长期效益。"虽然陇川基地和龙陵基地相距200公里左右，长途运输肥料会为公司带来高昂的运费成本，但为了保障果子品质，褚一斌仍果断决定施用龙陵基地生产的有机肥。

掌握一手货源能让有机肥的品质更加可控，但收购这些肥料原料并不轻松。2015年，龙陵基地刚收牛粪时，还有个小插曲。俗话说"兵马未动，粮草先行"，那会儿龙陵基地刚开始建设，在平整土地的同时就开始筹建有机肥厂，以便给种下去的树苗施底肥。基地对外发布了牛粪采购价格和标准，但当地养牛散户觉得把牛粪拉过来又臭又麻烦，价钱也不能打动人，所以基地很难收够量。眼看着土地快平整好了，树木就要栽种了，而原料腐熟还需要一段时间。怎么办？那个时候龙陵有机肥厂刚成立，工作人员就开始到养牛场给大家算账：你家里养了多少头牛？每年能产生多少牛粪？卖给基地一年能产生多少经济价值？不卖又能有多少经济价值？把账算明白了，当地百姓理解了这件事情背后的好处，慢慢地采购量也跟着上来了。后来有机肥厂又找当地农户组建了一两个小团队，开着拖拉机上门收牛粪，这样各方的积极性调动起来了，很快就收够了量。

等原料采购问题解决之后，技术团队再根据土壤酸碱度和作物生长特性设计配方，并对原料进行高温发酵无害化处理。

为了开发、优化有机肥，褚氏农业的柑橘有机肥试验通常会跟踪研究两三年，再进行推广施用。只有这样数据才有足够的支撑度，才能看到真正的效果。即便如此，工作人员还会在施用过程中，小批量开发不同配比的有机肥进行试验。通过发芽情况判断肥料的腐熟度，观察作物的成活率、长势，再决定是否施用。褚一斌常常要求："去做一些数据化的对比，要抓住肥料和果实品质的逻辑关系这一主要因素。"

这些年，褚氏农业对肥料配方一直在进行调整试验。以近几年来说，2019年，技术团队在原来的配方中加入了菌渣；2020年，为了提高有机肥品质，技术团队又调整了配方成分，增加了坚果油粕、菜籽油粕以及褐煤；2021年，技术团队根据树势增加了功能菌和中微元素，进阶为生物有机肥。

新式肥料释放得快，大量释放养分，利用率比较高，营养比较全面。通过使用新式肥料，花长得更好，对果子的转色上糖也提供了充足的养分支持。这些新式肥料对果树而言，就像是饭后的益生菌酸奶，可以帮助果树更好地吸收营养，让化肥使用更加有效。对褚氏农业而言，虽然肥料的成本增加了，但是果树的整体营养更好，果子品质更高，而且整体的肥料用量变少了。

就像人类婴儿在不同生长阶段会服用不同的配方奶粉一样，褚氏农业给不同阶段的果树也专门配置了定制营养餐。果树苗刚栽时，褚氏农业的肥料配方会侧重于增加土壤有机质，以改良土壤。基地会实地检测土壤酸碱值，如果发现数值偏高或者偏低，就会对有机肥的配方进行相应调整。自龙陵基地建立以来，技术团队花了6年时间对土壤进行改良，整个园区酸碱值目前平均已经达到6左右。

到了挂果期，肥料的配方则会更加侧重于果子营养的供给。目前龙陵有机肥厂在工艺上已达到生产生物有机肥的标准，今后也会和外部专业机构开展研究合作，持续提升有机肥的品质。

"我们有专门的肥料配比团队，在褚橙生长的关键节点，比如膨果期，我们会先测量它目前的营养情况，来确定氮、磷、钾以及有机肥的用量，以此来控制果子的酸甜度，保证褚橙的品质标准。"技术部小张介绍道。在这里工作了一年多，对于这些专业的流程，她几乎可以脱口而出。基地目前有40多万棵果树，如果有必要，像她这样的果树营养师可以为每一棵树制订一套专门的"营养方案"，这也是公司未来探索的方向。

褚氏农业的技术团队这两年通过土壤养分测定和分析发现，褚橙基地包括新平县的土壤中磷占比较高。之后，褚氏农业与云南云天化股份有限公司合作，专门设计了两款褚橙绿色智能专用无机肥，并确定了整体的使用量。配方里面降低了磷的含量，增加了镁、锌的含量。同时利用氮的不同形态，分别设计出肥效较为长久和肥效较为快速的产品，以满足不同应用场景的需要。

按照褚一斌的规划，褚橙的有机肥厂未来会开发几个各类

绿色智能肥试验田

细分的专用有机肥，如具有提高坐果率、提升糖度等不同功能的细分产品，让更多农场受益。

内外兼修

这是一个颜值与内涵并重的时代。水果也不例外，既要外观漂亮，吃上去口感要好，还要内在健康有营养。而花斑果、海绵层断裂、日灼果以及果实化渣等品质问题，会严重影响消费者的体验，这也是困扰产业的痛点所在。

伴着消费的升级，消费者也越来越关注冰糖橙的品质。褚时健很早就提出："农产品也要有辨识度，这不单指产品包装，

高颜值的褚橙

而且指要让消费者一吃就能辨识出来。"在冰糖橙行业，虽然褚橙已是公认的极致产品，但褚氏农业依然没有停止继续改善品质的脚步。

为了进一步提升果子的内外部品质，褚一斌更是借助科技手段分析问题成因，从根源上进行防控，持续提升品质。褚氏农业目前已经将消费者需求转化为专业检测标准，在外观品质、风味品质、质地品质、营养品质四大方面设置硬性指标，建立了更为严格、科学的产品分级标准体系。在这些指标中，如果找到了果实风味品质形成规律、质地品质形成规律和外观品质形成规律，也就找到了工作的主要抓手。这也是褚一斌在与科研院所合作中一直强调的，研究要与果实品质进行关联，将作业流程与果实品质的逻辑关系梳理清楚，这样工作就会有方向性，也会减少很多研发浪费。比如团队在研究中发现，施了镁肥的果实，横纵径、单果重和果实色泽都有了显著提升，这就等于建立了因果关系，用实际数据验证了中微量元素镁对褚橙糖酸度和果实转色的影响。

水果在口感上是否够甜，不仅要看糖度指标，还要参考糖酸比、固酸比，所以也就有了糖酸比的指标。不同水果的糖酸比不同，大家对其甜酸的感知也各异，所以需要用数字衡量。检测酸度有很多指标，分拣时要选直接相关又容易获得数据的指标。可滴定酸这项指标更加贴近人的口感，所以这项指标可用于计算糖酸比和固酸比。

橙子还有一项很重要的品质指标，就是可溶性固形物的总含量。这是食品行业常用的一个技术指标，指液体或流体食品中所有溶解于水的化合物的总称,包括糖、酸、维生素、矿物质等。这个指标高频次地出现,是因为可溶性固形物含量和光的折射率相关性很高,便于通过仪器测定。可溶性固形物含量越高,则橙子的果肉含量越高,果汁越丰盈,口感也就越好。褚橙的标准就是每一个美味的橙子都要达到可溶性固形物大于等于11.5%的比例。

通过这些分级标准,既可以为消费者甄选出品质极佳的果子,也可以让种植端更有针对性地提升产品品质。所以每年7月中旬果肉基本成形之后,褚橙基地每15天就会对果子糖酸比等指标进行抽样检验。通过得到的数据,而不是仅仅通过果子大小、色泽来判断果实的生长情况,如果达到历史同时期的数值,就能判断果子真正成熟了。

前面的章节,我们讲过褚时健在处理"花斑果"问题时的一些做法,比如架设防风网、种植防风林等。为更好地解决花斑果这一产业难题,褚一斌组织技术团队携手褚橙科技小院对花斑果的时空发生规律及成因进行了进一步的探究。

针对时间发生规律的研究,研究团队挑选花斑果发生率高、中、低各3户的果树,以及果园最外围的5棵果树挂牌标记统计损伤果数量。自落花后每15天统计一次,遇强风、强降雨天气增加一次统计。针对空间发生规律的研究,研究团队则对整个新平老基地近四年花斑果发生率进行统计,绘制分布图。然后选择了30棵树作为试验对象,每棵树上部内围、上部外围、下部内围、下部外围各统计出70个果实左右,一棵果树共计大约280个果实。

为了获得更有效的数据，研究人员需要尽量在风大的时候去测定风速。基地一起大风，别人开始往回走了，研究人员却往外走，到试验区里统计果子受损情况。大雨紧跟大风之后，伴随着"隆隆"的雷声，大家顶着风雨也要把数据测完，把照片拍好。有时虽然白天已经测过风速了，但晚上风力又强劲起来，大家又会带上风速仪赶到作业区测速。

经过研究，研究人员在测绘图中发现的两个花斑果高发区域，都处于坡面的风口。这个结论与当年褚时健观察到的结果是一致的，但科学的测量让结论有了更加准确的数据支撑。根据几千个花斑果形成情况的数据，结合防风试验，研究团队进一步明确了花斑果的成因：成熟期的花斑果数量主要取决于幼果期损伤果的数量，其中因风害造成的占比超98%，其他因虫害或者机械损伤造成的损伤果则占比很小，不到2%。

之所以风害是花斑果形成的最主要因素，和云南的地理特点有很大关系。云南地处低纬度高海拔地区，3月和4月的风速大。这个时节正是落花到坐果的关键时期，果皮相对较为幼嫩，较强的风和后期的病菌感染都容易导致花斑果的形成，因此这个时节也是前期花斑果产生的关键时期。

除了花斑果，裂果也是比较让人头痛的问题。裂果有内裂和外裂之分：外裂是果子外皮角质层薄形成开裂，露出了果肉；内裂主要表现为果实海绵层断裂，使外部果皮凹陷、延展性差，果子不耐储运。

从植物营养学的角度来讲，裂果主要与果实钙元素、硼元素不均衡有关。钙元素对果子品质的形成起着重要的作用。适当提高钙元素的含量，可以维持果子细胞壁、细胞膜的稳定，让果实更加耐存储和运输。而缺乏钙元素，会导致日灼果、软果等问题的出现。一般的中小种植户通常都了解钙元素的作用，但会忽视硼元素的作用，造成钙元素、硼元素失衡。另外土壤所含水分忽多忽少的急剧变化，容易导致果肉膨胀压快速变化，也会形成裂果。

为了解决裂果问题，褚氏农业组织了一系列的试验研究。首先是研究果树不同生长阶段的果实对钙元素、硼元素的吸收规律，对3个方案进行对比：褚橙基地统一管理方案、综合养分管理方案、"综合养分管理+氮增量"方案。

其次是研究果实品质在不同调控方式下的效果，对5个方案进行对比：褚橙基地统一管理方案，作为对比的基准；钙硼平衡叶面肥方案，了解几款钙硼叶面肥对裂果的影响；考虑到裂果与土壤含水量波动大相关，还设计了水平衡方案，即用保水剂和双反膜尽量减少水分变化；"钙硼平衡+保水剂+双反膜"方案，观察叠加效果；"综合养分管理+氮增量"方案，同时探究增氮对果实化渣性的影响。

目前，褚氏农业的技术团队已经初步印证了前期对裂果原因的判断，并获得了具体的差异数值，后续还会深入开展关联分析。

水肥一体化的尝试

想要保障基地长久充沛用水，无非两种方法：开源和节流。褚一斌在开源上追随他父亲的脚步并加以改进，但他还想在节流上进行新的尝试——滴灌。

从理论上来说，滴灌对水的消耗肯定是更少的。水肥一体化是一项把灌溉和施肥相结合的农业技术。首先，按照土壤养分含量和作物的需肥特点，将可溶性固体或液体肥料配兑成肥液。其次，借助压力系统或地形自然落差，通过可控管道系统进行肥液滴灌，均匀、定时、定量地浸润作物根系生长区域。水肥一体化技术已被许多发达国家广泛应用于农业生产中，在以色列有90%以上的农业生产实现了水肥一体化，它具有省力、省水、精准管理以及减少化肥用量、提高使用效率等优势，因而备受青睐。

滴灌有有利的一面，就是省力、省工、省时，但也有不利的一面。滴灌的滴头间距一般在40厘米左右，储水量比较少，呈分散状，做不到全覆盖。老天下雨是没有死角全覆盖的，但老天下多少雨量和什么时候下，人工没法控制。在基地整体的降水量比较多的时候还好，但如果降水量不够或者每天的蒸发量太大，那时滴灌的水量是不够的。水虽然省了，但如果果树吸收的水分不够，则对后期的挂果量会有一定的影响。挂果量不够会直接影响农户和作业长的收入，因此基地农户和作业长对于滴灌系统的使用一直存在顾虑。

褚一斌也咨询过一些国外的技术人员，想向他们取取经。深入了解之后，褚一斌发现以色列可以做到限蒸，水一点不浪费，但成本也比较高。以色列的方法是先在准备种植果树的土地上挖个槽，槽底铺上膜，再放上土、砂之类的材料。然后在上面种植果树，再在上面铺设滴灌系统，并将多余的水收集起来循环使用。最终浪费掉的只是蒸发的水分，树苗的左右都不会往下渗水。以色列这样做可以取得成功，但是对褚氏农业来说这样做不划算。

探索的路上，总会遇到难题。褚时健在世时也曾劝诫年轻人不要着急，不要总想着碰一碰运气、靠大树，没有那么简单的事，他都90岁了，还在摸爬滚打。褚一斌也深谙此理，人不去试，方法不会自己出来，只能在一点点摸索中找到规律和方法。

2018年，褚一斌决定在龙陵基地三期开始试验水肥一体化。起初选取了几百棵果树进行试验，但由于设备选型有问题，刚开始的成效并不算好。龙陵基地三期上滴灌系统的时候，刚好郭家贤在这儿任基地主管。"其实刚开始我们也不懂滴灌，但是听说使用滴灌是以后模式发展的趋势。我们因为年轻，所以新东西也好接受，但是老师傅们都不同意。不过，我们也问了好多人，国内上滴灌系统真正成功的也没有几家。"郭家贤说出了自己的担忧。

直至2018年3月初，褚一斌经人介绍接洽了海南一家做滴灌的公司，对方根据基地情况定制化设计了系统的滴灌设备，但褚一斌始终没有找到满意的外包施工建设单位。最后褚一斌决定，自己动手——在公司内部签订奖金对赌协议，由公司生产技术部下设的省力化部门牵头，自行完成龙陵基地三期的水肥一体化施工工程。

相比于外包施工，自行施工更加高效、安全，便于质量把控,也能大幅度压缩成本,并为公司培养专业技术人才。项目团队一边研究一边实施,历时6个月,最终完成了这项总面积2350亩的大工程。

项目完成8个月后,经过验收,施工质量优异且完美地匹配了基地的硬件需求和技术方案。褚一斌立刻将这奖金发放了出去:自行施工成本仅为外包成本的38.7%。褚一斌把节省的总成本的40%作为奖金发给大家,团队成员领到了总额为121375元的奖励。

现在,公司的四大基地都在试用水肥一体化智能灌溉技术,其中在陇川、龙陵、磨皮、新平老基地各有试验田6130亩、2400亩、2800亩、20亩。通过该项技术,可以实现自动调节、定时开关,对降低农户人力成本起到很大的作用。按照计划该浇水时,基地的管理人员可以直接在手机App上操作,定时开启,定时关闭,哪个地方不出水,在监控页面上全都看得到。

不过在这些基地采用滴灌系统后,内部一直有一些质疑的声音。农户们是省工了,但是果树出了问题。比如有人反映,肥料滴灌下去,果树没吸收多少营养,倒都让果树下的草吸收了。而且当地的水分蒸发量太大,灌溉的量少了无法满足需求。整体效果没有微喷系统好,因此有些作业区的农户对滴灌不是很认可。"未来树苗越来越大,我们也在想办法改善。现在是两条滴灌带,如果树冠、根系扩大的话,我们想增加到三条,把滴灌的范围扩大。"褚一斌提出了改善目前这种局面的做法。

褚一斌始终对滴灌持有乐观的态度，鼓励大家继续探索下去："总体方向还是往科学化的方向走，但在往这个方向走的过程当中，不能说一步就能达到，还需要过渡。在前期过程中，一定是人与机器之间相互适应，相互调整。我们的滴灌系统在双方不断适应、调整之后，最后一定会有好的结果。"

对于到底什么方式更适合当地生产，效果能超出多少，褚一斌还是喜欢用数据来说话。为此，褚橙科技小院设计了相关的试验来跟踪对比不同水肥管理模式在果树各个生长阶段中的差异。研究人员得出的一项结论是，水肥一体化模式下的土壤水分含量比喷灌模式下的要少，但波动较小。未来的改进方向，可能是增加滴灌的水量。但是不管如何，褚一斌认为都应该多去尝试，不去立马否定一件新事物的未来价值。

当标准化遇到数字化

褚时健很早就有极强的数据意识。他曾说，很多事，不管是作为好的因素还是作为坏的因素，都会积累起来，积累起来后，首先就反映在数据上，因此要掌握数据的真实情况，并思考数据背后的逻辑关系，依靠数据发现问题、分析问题、跟进问题、解决问题，让数据真正产生价值。

每次褚时健到老基地必定会深入果园，观察果树的生长状况，细致到每一棵树浇多少水、施多少肥、剪多少枝，一切都用数字说话。这种量化的思维模式，也是褚时健重视事实、追求真理的体现。褚一斌依然记得他父亲在不去基地的时候，总会打电话给基地的作业长们，询问当天的温度、湿度、光照及病虫害等情况，一定要做到自己心里有"谱气"。在开会的时候，褚时健掌握的数据信息总是非常精确，这样便于做经营决策。

褚时健在尊重自然规律的基础上用工业化、标准化的方式种植冰糖橙。多年的种植经历，让基地逐步形成了标准化的内部管理和操作流程，涉及种植管理的各项农事都有详细、严格的作业说明，如剪枝怎么剪、剪多少，病虫害如何预防，以及施肥的数量、时间、方式等等。

褚氏农业在二十年推行标准化种植管理的基础上，已经积累了气象、土壤基本养分、果子品质等数据用于指导种植。同时还从基地中选择了二十个农户进行长期跟踪，采集数据，比较历年数值的高低，并进行关联性分析，挖掘更多的规律。

褚一斌同样致力于运用标准化管理进行水果种植。龙陵基地是在新平老基地之外，褚氏农业标准化种植的又一个冰糖橙基地。褚一斌曾算过一笔时间账：新平老基地运营了二十年，形成了一个较成熟的标准化模式；龙陵基地在新平老基地标准化管理的基础上，到现在用八年基本上成为行业的示范性基地。

二十年中，标准化是褚氏农业一直在做的事情，现在需要用数字化进一步去加深标准化。褚一斌希望能通过科技和数字化找到褚橙成功经验背后的科学依据。"知其然，知其所以然"，这样才能精准有效地指导生产，才能将成功经验分享推广出去，帮助更多农场生产好产品。好在褚氏农业经过多年的沉淀，已经积累了大量种植数据。

现在，褚一斌思考得最多的就是如何利用数据真正打通整个农业全产业链，实现整个生态系统的整合，让越来越多的消费端与生产端产生链接，以及如何用数据驱动价值创造，让生产更加设施化、省力化、智能化，让消费者买到好产品。

他把冰糖橙的产业链分成三大环节：产品生产环节、产品加工环节、市场销售环节。"根据客户需求分类、分级制定产品标准，向上游提出种植要求；将好产品的工业标准转化为品质标准，传达给市场。在实现数字化之后，客户的需求可以传递到生产端，通过工业化标准来满足，倒逼种植端提高对自己的要求。"褚一斌认为，"真正的产品标准化是要按照工业化的方式来实现的，这样才能制定出准确的数字标准，进而用工业化标准对生产种植端提要求，这是一个数字流动的过程"。褚一斌想做的事情，是要将储存于消费者头脑、产业链各个环节里的关键数据进行汇集、沉淀，使其流动起来，把数字变成生产力，利用数据化管理在农业领域形成自己的核心竞争力。

但是数字化管理并不是单纯地将事物数字化，而是要把丰富的种植经验转化为数据，构建"智慧大脑"——数字种植模型。基于大数据和人工智能技术，将最适宜冰糖橙种植的土壤、气温等条件全部数字化，形成褚氏农业的"农业知识图谱"。

构建数字种植模型说起来容易，但背后有大量的工作要做。这首先需要整合大量的标准和数据，再建立数字种植模型，最终实现智慧化、自动化。需要哪些标准？又如何把这些数据整合起来？对此褚一斌有一个形象的比喻："我们现在的各项研究就像一根一根的丝线。把团成一团的蚕丝梳理清楚，就可以纺织精美的丝绸。现在的费力，是为了下一步的省力。"

为更好地结合农事经验构建数字种植模型，全面掌握气象、土壤、作物和作业管理各项参数间的关系，褚氏农业一方面依托自己的技术团队，另一方面依托外部的高校、科研机构，将传感器、大数据、遥感等技术应用于农业生产。借助"天空地"一体化监测技术，加强对种植数据定时、定点、定量采集，共同探索各项参数与产品品质提升的关系。

关于未来的数据采集，褚一斌认为随着传感器、大数据、物联网、云计算等技术在农业生产中的应用，原来的人工采集、输入，会慢慢变为传感器采集、实时传送到系统，从而推动传统农业向智慧农业演进。尤其是可以借助物联网的力量，利用多种设备获取各类数据。

在消费端，褚一斌觉得目前还有大量的数据没有利用起来指导生产端，这也是他希望未来数字化能替褚氏农业解决的一大核心问题。

以电商平台为例，它们能从市场端捕获海量的消费者行为数据和需求信息，但目前这些数据并未得到充分的利用，未能实现与价值链前端高效、精准地共享数据分析结果。对此，褚一斌进一步指出要如何将重要的市场需求信息传递到生产端："我们面对的是消费者市场。消费者买水果时往往是'甜就买，不甜就不买'。我们要根据消费者的需求做产品。在这个问题上，不是说不可能标准化。如果数据颗粒度越来越细，数字化

田间传感器

程度越来越精准，就能做到。"

褚时健也非常重视市场信息的作用，他认为企业的一切决策都应该从市场需求出发，而不是按照企业经营者自我的喜好来做。他曾说："只有把握市场动向，才能满足消费者需求，改善产品品质。"市场需求在他心中的地位可见一斑。企业要将市场需求转化为生产标准，并以此有效组织各环节的经营管理。

2019年，国内企业级软件公司金蝶软件开始为褚氏农业搭建数字化转型管理系统。作为褚氏农业数字化转型的服务商，金蝶软件将在未来担当起助力褚氏农业从传统农业逐渐向智慧农业转型的任务。目前，褚氏农业、云南农业大学还在联合金蝶软件携手建设柑橘产业链生态可信数字平台。该平台将进一步升级褚氏农业对种植环节作业标准的数字化能力、构建基于历史数据的数字化资产并对其进行建模的能力，并升级用户体验场景。从平台到应用，从业务规划到系统落地，金蝶软件将全力保障褚氏农业在数字时代的创新与转型。

褚一斌期待，通过数字化系统将褚氏农业的标准化管理和品牌效应，复制到更多的水果品类、更多的土地上。同时，褚氏农业的数字化建设不仅服务于褚氏农业，更服务于柑橘产业，帮助更多的农场主借助数字化工具获得顶尖专家的种植经验，生产好产品，让广大消费者受益。

褚氏农业将结合二十年来的标准化管理经验和种植数据，与更多相关单位开展合作，借助大数据、云计算、物联网、人工智能等前沿信息技术的势能，探索建设柑橘产业全过程的数字化标准体系，加快实现精准化种植、可视化管理、智能化决策的智慧农业，助力中国种植业蓬勃发展。

第六章

褚橙的品牌法则

❈ 褚橙的口感之所以要超出一般的橙子，树龄较大是重要的原因之一。而要保障果树的长寿命，对土壤等环境条件的保护、改良是必不可少的重要手段。

❈ 褚氏农业的品牌家族就像一把撑开的伞：褚橙处在顶部，产量极其有限；云冠橙处在伞的腰部；"褚橙庄园"处在伞的底部。

❈ 2019年升级的褚橙新标识，将原来标识中褚时健的草帽拿掉，面部表情用"微笑"替代了原来较"苦涩"的表情，表达了"以成就事业为乐""以劳为乐"的思想内涵。

❈ …………

作为中国农业种植行业知名度很高的企业，褚氏农业深谙品牌建设的重要性。对褚氏农业而言，做好品牌的核心法则是必须围绕做产品展开。褚氏农业认为，营销传播工作虽能帮助企业提高品牌一时的知名度，但要想让品牌长盛不衰，必须拿出一百倍的"橙心"，去赢取消费者的信任。

"橙中茅台"

在种橙之前，褚时健曾专门对原产于美国的新奇士橙做过口味的"品鉴"，得出的结论是口味偏酸，口感不及他要种的冰糖橙好。但是新奇士橙在超市的售价是国内橙子的10倍，消费者还趋之若鹜。对于这一点，褚时健内心很不服气。

褚时健立下的让"橙子比肉贵"，当时在外人看来仿佛天方夜谭，如今看来已然轻松实现。目前，褚橙的零售价格均稳定在108～188元/箱（5千克），四个等级的果子的零售单价分别为21.6元/千克、27.6元/千克、33.6元/千克、37.6元/千克。而据农业农村部监测，全国农产品批发市场2022年8

月猪肉平均价格为29.4元/千克,因此褚橙被人戏称为"橙中茅台"。

这几年受新冠肺炎疫情影响,包括冰糖橙在内的许多水果价格纷纷下跌。在淘宝上,5千克装冰糖橙的价格大多在6～8元/千克,甚至有仅4元左右一千克的。即便如此,大量产自云南华宁、新平等地的高山冰糖橙依然滞销。然而,同为冰糖橙的褚橙,其零售价格一直都维持稳定且供不应求。

之所以出现这种情况,是因为褚氏农业在品质控制方面的确下了很多中小种植企业不敢下的"狠心"。2020年,龙陵基地出品的云冠橙已经种了六年,但成品比例却只有30%左右。只要是表皮受了损伤,或在其他外观、品质上出一点问题的果子,都不符合褚氏农业的标准。"成品与非成品的销售价格相差很大,但我们宁愿牺牲收入也要保证对成品的要求。"褚一斌如是说。

有一些人认为,褚橙销售好,可能是因为买褚橙的人都是被褚老的精神感动的。技术部的人对这种说法表示非常无奈:"拿世界上任何一个橙类的果子,来和我们做盲测,看看有哪些能超过我们的,测一下就知道了。"褚一斌个人也不喜欢拿父亲的精神来说事:"老爷子的精神的确能在一开始感动、带动一批消费者,但是要持续让大家购买褚橙,还是要靠我们实实在在的品质。我们跟消费者非亲非故,品质不好,人家凭什么一直捧场呢?"

褚橙盛名在外,这也给褚氏农业的员工带来了巨大的压力。我们在褚橙庄园看到的每个工作人员,几乎都有一种不种好橙子就对不住消费者的紧迫感。

黄铁鹰的《褚橙你也学不会》一书，介绍了在2014年12月由北京大学心理系张媛博士指导监督的四组关于褚橙的口感试验。试验者在北京对褚橙和其他橙子进行了6场由251人参与的盲测。

在第一组褚橙和云南橙的盲测中，消费者品尝了包括褚橙、G橙和华宁橙在内的三个品种的橙子，统计分析的结论是：在甜度方面，褚橙以绝对的优势高于G橙和华宁橙；在水分和化渣率方面，褚橙和G橙、华宁橙差不多；但在总体口感方面，褚橙优于G橙和华宁橙，三者在口感上的平均分，分别为5.53、5.15和5.12。

在第二组褚橙和湖南冰糖橙的盲测中，消费者品尝了包括褚橙、湖南黔阳橙和麻阳橙在内的三个品种的橙子，统计分析的结论是：褚橙在水分和化渣率上都优于两个湖南对手，在甜度方面三者差不多，三者在总体口感方面没有显著差别，褚橙、湖南黔阳橙和麻阳橙在口感上的平均分，分别为5.24、4.91和5.01。

第三组盲测是将褚橙和市场上的普通冰糖橙进行对比。结果发现，不论是在总体口感还是在其他指标上，褚橙均是最优的。

第四组盲测中，即使是和国外的澳橙、南非橙相比，在统计学意义上，褚橙的口感也是优于以上两者的。

这一系列盲测得出的最终结论是，褚橙是测试者最认可的冰糖橙。如果这个盲测在今天再做一次，褚氏农业的很多技术人员更有信心，他们相信褚橙与其他橙的差别会更大。

　　湖南是冰糖橙的原产地，为什么那里产的橙子也比不过褚橙呢？"都说湖南本地种的冰糖橙长不大，没有香气，糖度上不去，其实还是因为种植管理没有做到位。"褚一斌说。他曾试着让一个朋友在湖南跟广东交界的地方种了二三十亩冰糖橙，褚氏农业的技术人员毫无保留地将褚橙的种植管理技术教给了对方。后来种出来的橙子品质比当地别的种植户好很多。这个小小的试验其实也是褚一斌的一种尝试，是在为褚氏农业未来种植区域提供示范，增强团队信心。

　　褚氏农业的技术人员经常跟我们讲，褚橙的口感之所以比别人的橙子好，一种核心还是在管理细节上执行得到位。一些种植企业经常来褚氏农业参观学习，这边的工作人员会毫无保留地介绍经验。有的企业甚至会完全套用褚氏农业的种植模式、管理模式，但在具体执行的时候就严重走样。为什么会严重走样，很大程度上是因为在标准化执行方面没有做好。一些企业对生产过程没有细致量化，也没有要求农民严格按规定执行。我们在褚橙庄园的日子里，经常会在吃完晚饭后去周边的其他基地转一转，很多细节都能反映出来这样的差异。比如其他橙园没控住梢，结果施肥后营养都给树枝了。而褚氏农业除了控夏梢、放秋梢外，还会对施肥沟的宽度和深度、果树施肥打药的浓度等，有严格的规定和要求。

　　这导致别的橙园种出来的橙子，不但品质比褚橙差很多，而且同样面积的土地，产量还不及褚氏农业的1/4。

　　到2022年，新平老基地果树的平均树龄已经超过十五年，进入冰糖橙的赏味佳期,加之逐年升级的品控管理,褚橙的整体品质一年比一年高。老果树结的果子口感更柔和醇厚,果肉更鲜嫩化渣,加之褚橙人把每一棵橙树都当成自己的孩子一样用心呵护,造就了褚橙在黄金甜酸比下还有一种独特的蜜香味,常吃褚橙的人一口就能吃出它的独特风味。"小孩子是不会骗人的,不是褚橙,我们家才几岁大的孩子吃一口就不吃了。"生产技术部副主管蒋正品自豪地说。褚一斌告诉我:"褚氏农业现在要做的就是让我们的冰糖橙年年甜、年年香、年年高产。"

当然,不可否认的是,褚橙之所以与众不同,还在于它有内化的人格化属性。可以说从褚橙诞生的第一天起,人格化的标签就成为这个品牌的内核之一。褚橙之所以能够形成品牌效应,恰恰是因为它解决了核心情感价值的差异性问题。尽管褚一斌自己并不强调这一点,但这的确是不少消费者喜欢褚橙的原因之一。我就亲耳听到不少企业老板或者家长说每年购买褚橙,就是为了激励自己的员工或者孩子,希望他们从中能汲取到奋斗的力量。

褚橙的归属

很多人不清楚市面上与褚橙多少有些渊源的品牌,到底哪些才是正品,跟褚时健又是什么关系,哪些属于褚氏农业。这些问题没弄清楚,导致大家在选择产品时经常一头雾水。

一开始褚时健给自己橙子取的名字叫云冠橙。后来,随着褚时健跌宕起伏的人生故事的传播，很多销售云冠橙的门店开始将云冠橙私下里叫作"褚时健种的橙子"，才有了褚橙的简称。但云冠橙被叫作褚橙的时候，云冠橙归属的金泰果品并没有注册"褚橙"商标。直到2014年，金泰果品才终于正式获得了褚橙在第31类商品分类上的商标权。不过在2014年商标注册后的一年多时间里，褚橙这个名字一直没有被官方启用，产品仍然以"云冠橙"的名字对外销售。直到2016年，公司召开发布会，才官方宣布正式使用褚橙作为其品牌商标，并于当天发布褚橙版新包装。

随着褚一斌创建的龙陵基地果树挂果，而且品质也在一天天提升，对外销售时到底叫什么名字就成了一个问题。而且，之前作为家族继承考题的几个基地，也都要开始销售产品。如果都叫褚橙，但品质上却不符合标准，就会破坏褚橙在消费者心目中的良好印象，造成市场认知混乱。

在这种情况下，褚时健在2018年对能叫褚橙的产品归属地进行了严格界定：只有哀牢山这6300亩新平老基地种植出来的冰糖橙才能叫褚橙，其他基地产的橙子不得叫褚橙。而云冠橙的名字则被用在了龙陵基地产的冰糖橙身上。另外，褚橙、云冠橙的果标在2020年后均被贴上"褚氏农业出品"的字样，强调褚橙、云冠橙与"褚氏农业"三者之间的关联。至于"褚氏农业"这个名字，是2018年褚时健、褚一斌父子交接期间成立的"云南褚氏农业有限公司"的简称。

关于"褚氏农业"这个名字的来源，褚一斌跟我们细讲了一个故事。

2018年，褚时健正式对外界宣布，褚一斌为他的继承人，终于解决了外界一直关心的继承人归属问题。之后，褚时健又做了两个重要举动：一是把家族内部的一些品牌关系理顺，该分离出去的分离出去；二是注册了云南褚氏农业有限公司，并将褚橙划归其所有。

一开始，公司名字取的是"云南褚氏果业有限公司"，而且考虑到了未来上市的一些要求，做了基础性的准备工作。父子二人都希望起点低一点，还是聚焦在果品范畴，因此取了"褚氏果业"的名字。

在褚氏果业的注册过程中，褚时健身体已经出现一些状况，加上各种事务也多，于是就没有详细过问。那时负责操作的褚一斌对国内注册的一些细节也不是很清楚，就交给一家律师事务所去办理，结果这家律师事务所没仔细核对一些股东的信息。当时参与新公司成立事务的一个第三方顾问强烈希望能出资持有1%的股份。褚一斌在相处过程中见他人还不错，就勉强同意了。

结果"褚氏果业"的名字注册下来不久，法务一查，发现此人上过证监会的黑名单。基于对公司未来的长远考虑，原来的公司必须注销掉，公司名字又不得不重起。

当时褚一斌的想法是，既然"褚氏果业"不能用了，那就干脆搞大一点，不把企业限定在果业范围，而是按农业这个大范围注册，这样以后可以拓展到跟农业相关的很多业务上来。

于是，"褚氏果业"扩展为"褚氏农业"。2018年9月，"云南褚氏农业有限公司"终于注册下来了。

关于很多消费者会误把一些与褚橙在历史上有一定关联的

其他品牌当作褚氏农业的品牌这件事情,我问褚一斌:"为何不采取有力措施去跟消费者澄清,甚至采取一些法律手段来解决问题?"褚一斌笑了笑说:"老爷子在世的时候,就担心家族成员各自为了私心相互斗争。如今他不在了,我也不希望这种情况发生。"

褚一斌进一步解释说,首先,他们的产品并不能称为假冒产品,没有贴上我们褚氏农业的果标,只是在传播上尽量朝我们靠,一定程度上造成了消费者认知的混淆。其次,这些亲戚,甚至新平县的老乡,能依托褚橙品牌的影响力,享受一些外部效应,他相信父亲九泉下有知,也是乐意的。

褚时健生前曾经对几个后辈,用非常严厉的口气告诫说:"褚一斌的责任,是把褚橙这个品牌撑住。撑住了,大家好点坏点,都还会过得去;撑不住了,大家都没有好日子过。"

为了避免交接后可能造成的家族矛盾,褚时健曾经考虑过引入职业经理人,索性让家庭成员都不参与管理。但后来放弃了这个念头,因为担心股份少了积极性不够,股份多了要受到攻击。他也明白,家族企业有很多天生的问题,不想把企业搞得太复杂,他说:"我非常反感一个家庭里还有人出于私心,想在经济上为自己捞一把。这么做,我是不允许的。如果这么自私,家和企业就散了。"

褚一斌谈到父亲的晚年,说:"老爷子晚年跟他年轻时相比发生了极大的变化,其中最重要的就是对家庭的关心越来越多,变得温情,没那么严肃了。在他年轻的时候,要得到他的一个表扬都极为困难,更别说一个拥抱了。"

褚一斌跟我讲了一个很小的细节。自己的小儿子第一次从新加坡回来看爷爷，临走的时候，突然转头跑到褚时健身边给了一个大大的拥抱。作为爷爷的褚时健，从来没有跟孙辈拥抱过，也没跟自己的子女拥抱过。褚时健手足无措，孙子在抱着他，他的手却不知道往哪里放，就一直僵硬着也没抱上去。但是到了第二次孙子再回来看他，临走时，褚时健主动叫住孙子："这次走怎么不跟爷爷拥抱一下啊？"看到这一幕的褚一斌，深深舒了一口气，继而在旁边偷偷笑，他知道孙辈已经在融化父亲，父亲已经不是过去的父亲了。

到这时，家庭可能是褚时健最看重的。回忆起经营卷烟厂的鼎盛时期，褚时健有成就感，也有反思，他说："那时候我偶尔想，还是人家做私营企业的比较轻松，就算闯祸也大不到哪儿去。家里人也跟着我担惊受怕。我确实应该多照顾一下家庭，之前几十年都一心扑在企业上。"

褚时健夫妇与孙辈一起过生日

褚氏的品牌家族

褚氏农业当前主要有四个基地：新平基地、龙陵基地、陇川基地、磨皮基地。

新平老基地是褚时健的心血，它与后来从大孙女褚楚那里收购过来的平田基地连在一起，都在哀牢山，都是褚橙的产地。许多人不知道的是，褚氏农业拥有两万多亩果园，但真正能称为褚橙的，只有新平老基地产的冰糖橙，产地面积约为6300亩。所以褚橙的产量一直极其有限，售完即止，成为各个经销商的抢手货。

位于保山市龙陵县的龙陵基地，在所有基地里面积最大，是褚一斌一手建立起来的，更多体现了褚一斌自己的想法和管理方式，该基地出产的冰糖橙，品牌名称为云冠橙。2014年11月，龙陵恒冠泰达农业发展有限公司成立，褚时健担任该公司的董事长。这是褚时健恢复法人代表身份后，担任的首个家族企业高管职务，这在某种程度上似乎预示着他对儿子获得继承权的提前考虑。此后，褚时健就一直担任董事长。直到他去世后，褚一斌还是一直把董事长的职务给父亲留着，自己则只是担任该公司的总经理。

另外，马静芬之前创建的2800亩磨皮基地主要种植沃柑，后来在2019年被褚氏农业收购。当时种沃柑而不是冰糖橙，主要是考虑延长公司的销售周期。褚氏农业尽管全年都耕作，但是真正的销售期只有50天左右，主要集中在11月。而沃柑的成熟期在每年2月、3月，可以一直销到4月、5月，这样可以有效延长公司产品的销售期。

磨皮基地离新平老基地大约一个小时的车程，同属于2013年褚时健对家族成员出"考题"的产物。当时马静芬与家族其他成员一样，欣然接受挑战。她就怕自己没事做，然后迅速组建了自己的团队。马静芬对自己娘家人特别照顾，队伍主要由娘家人组成。褚时健曾经想过从新平老基地派一些人去协助，结果都被马静芬劝退了，说依靠娘家人就够了。

这个基地被儿子收购后，马静芬又觉得自己没事干了。于是她在自己87岁高龄时又租了一块700亩的地种水果玉米，继续拉着娘家人一起奋斗。

褚氏农业最新的一个基地是陇川基地，面积约7000亩，是褚氏农业面积第二大的基地，同样是褚一斌开创的。这个基地截至2022年上半年，仍然没有对外销售任何贴上"褚氏农业出品"果标的产品。但随着这里各类水果的品质越来越好，消费者很快就能看到这里出产的水果。

这个基地对褚一斌而言，是一个特殊的存在。褚一斌说："这里有我对未来中国农业的一个设想，是农业种植领域的一处世外桃源，也是中国农民的美好生活的一个落地场景。如果我70岁以后有一天解甲归田，我就选择住在陇川基地，起码每年在那里住上1/3的时间。"

陇川基地位于云南德宏州陇川县勐约乡，已经非常接近中国和缅甸的边境。之所以选择这里，也是一个偶然因素使然。当时褚一斌的一个朋友家乡就在陇川县农村，他说这里虽然经济条件不好，但是环境很好，如果褚氏农业找地可以去这里看看。另外，这里居住着大量的景颇族人。如果把这块地经营好了，也会为民族融合做点贡献。而且，如果未来褚氏农业要往东南亚发展，这里也是一个很好的枢纽：一方面运输距离很短，另一方面这里的景颇族人和缅甸的克钦人在语言、习俗上也相通，沟通起来会比较顺畅。

褚一斌的这种考虑符合他一贯的作风：为长远的未来做考虑，不仅是守业，也要稳健地扩大。

说了几次以后，褚一斌在2016年底刚好有几天时间，就决定去这里看看。去了以后一看，绿水青山的原生态风景一下就吸引了褚一斌。他当时就感叹：中国还有这么漂亮的地方！这里虽然离高速公路只有20公里，但不会形成大的人流，可以说符合世外桃源的特质。

看完之后，褚一斌心里基本上就做了决定，无论如何要在这里做点事情，一方面为了让当地老百姓尽快脱贫，另一方面他心里有了一个伟大的构想：让这里成为中国农民美好生活的样本！

紧接着，褚一斌委托团队用了两周的时间，把各种数据都测了出来。看了数据之后，褚一斌判断这块地基本上是可以用于建设基地的，而且除了种橙树，他还萌生了很多其他想法。

对这块地的规划，褚一斌非常谨慎，目标是将这块地做成一个完美的模型，一是要求种植密度极低，未来可能直接机械化操作；二是要采用最先进的设备，全部做滴灌的水肥一体化；三是强调对水源的保护，不能因为农业产业化而破坏当地

陇川基地风景

的青山绿水。

用他自己的话说，这里未来不仅是褚氏农业的种植基地，还会是一个极具吸引力的旅游目的地。"在不脱离农业种植业的前提下，我觉得在这里要给当地的农民兄弟一个交代，也给公司员工一个交代。未来有一天，当我们具备更好的能力时，我希望那些一直为公司发展兢兢业业工作的褚橙人，都能在这里找到一个美好的生活方式。"褚一斌说。

褚一斌脑中的画面比对外宣称的更美好一些，他希望以后能有一批员工、农户、朋友一起住在陇川基地，每个人都有一栋漂亮的别墅，然后每家都配一个庄园，就像我们在电视节目里看到的欧洲那种庄园一样。今后，陇川基地产的成品果子，也会被打上"褚橙庄园"的品牌名字。

陇川基地目前种的果树并不是冰糖橙，而是卡拉卡拉脐橙和伦晚脐橙。其次，还有血橙、纽荷尔脐橙、鸡尾葡萄柚等。

其中,卡拉卡拉脐橙原产于委内瑞拉,又名红肉脐橙,这种脐橙最大的视觉特点就是果肉呈粉红色至红色。这种脐橙成熟期在12月下旬,极耐保存,冷库储藏期达4个月以上。

伦晚脐橙在20世纪90年代由美国引入中国,属晚熟脐橙品种。伦晚脐橙素有"橙中皇后"的美誉。花果同枝,在同一枝头上,有要成熟的果子,也有为第二年结果开出的花;果果同树,已长成的幼果和即将成熟的成果在同一棵树上。伦晚脐橙生长周期长,当年春季开花,第二年春季一般在3月底到4月成熟。

之所以没有在陇川基地安排种植冰糖橙,褚一斌主要是从未来褚氏农业的销售期考虑。冰糖橙的销售期太短,褚氏农业为了保证最新鲜的口感,又严令禁止经销商囤货冷藏。因此,褚氏农业一年内真正开门迎客的时间也就是11月到12月。而卡拉卡拉脐橙的成熟期在12月,这样等于又把销售周期延长到了1月和2月,紧接着伦晚脐橙再上场,3月和4月又可以接着销售。

褚氏农业还在不断进行不同品种的种植试验,一旦试验成熟,还会继续开发基地,大规模种植新品种。未来褚氏农业的销售期,一定是涵盖全年的。"但是冰糖橙一定唱主角,其他的都可以变,这个不会变。"

关于褚橙与褚氏农业其他品牌的关系,褚一斌有自己非常清晰的安排:褚氏农业的品牌家族就像一把撑开的伞,褚橙处在顶部,产量极其有限,均在新平老基地种植;云冠橙处在腰部,种植在龙陵基地;褚橙庄园处在伞的底部,用在其他丰富

褚氏农业的品牌家族

多彩的品类上,比如"褚橙庄园·沃柑""褚橙庄园·卡拉卡拉""褚橙庄园·伦晚"等。褚橙庄园这个品牌主要用在陇川基地、磨皮基地,以及未来可能拓展的其他基地的产品上。

褚一斌对褚氏农业品牌的布局,颇像欧洲一些高端葡萄酒庄园的做法。最顶端的产品,一年产量极其有限,但是全世界喝红酒的人都知道哪些是最好的。头部品牌价格高,但是产品有限,因此公司最高的营收并不是来自头部品牌,而是来自腰部、底部的品牌。头部品牌更多承担着品牌旗帜的角色。底部品牌尽管价格不高,但销售量大,总营收就很大。褚一斌希望通过这种分层的方式,既不损害金字塔顶端的品牌,同时也能将规模做大。

微笑的褚老

2019年,为进一步解决市场上真假褚橙混淆的问题,褚一斌决定对视觉形象进行全面升级。其中最重要的改变,就是将原来标识中父亲褚时健的草帽去掉,面部表情用"微笑"替代了原来较"苦涩"的表情,表达了父亲"以成就事业为乐""以劳为乐"的思想内涵,其边缘的数字也由"51-62-66-71-74-84"变为"51-62-66-71-74-84-92",也就是在褚时健的关键年龄中增加了其2019年去世时的年龄"92"。除了92,其他数字分别代表褚时健51岁(1979年)担任玉溪卷烟厂厂长,62岁(1990年)被授予全国优秀企业家称号,66岁(1994年)当选十大改革风云人物;71岁(1999年)被判入狱;74岁(2002年)开始上哀牢山种植冰糖橙;84岁(2012年)种橙十载,褚橙名满大江南北。

升级后,原来的标识褚氏农业不再使用。换句话说,如果消费者看到有产品仍然使用升级前的标识,则该产品不属于褚氏农业出产。

关于为何会在新版标识中去掉父亲草帽形象的问题,褚一斌说:"戴着草帽的老爷子,是一个农民企业家的形象。但我认为,不应该把老爷子界定在一个农民企业家的形象上。他跨越了不同的行业,而且在每一个行业都做得很成功,因此我想界定得宽一些,他是一个企业家,而不仅是一个农民企业家。"

正品褚橙标识

对于褚老的表情从严肃变为微笑，褚一斌给我们讲述了他们父子的情感故事。

关于自己的父亲，褚一斌并不希望世人神化他。但在褚一斌的心中，父亲却的确有点"神"的至高无上。如果简单总结父亲在自己心中的形象变化，褚一斌认为，小时候，父亲是一座山；成年后，父亲就像一束让他想躲避的强光；等他漂泊近三十年后归来时，父亲已是一座丰碑。

在少年的褚一斌心中，父亲威严、高不可攀。在他的印象中，父子之间很少有温情的欢声笑语，更多的是一次次严肃的鞭策，甚至是恨铁不成钢的责骂。

褚一斌出生时，全家刚来玉溪新平县生活不久。之前褚时健在划为"右派"期间忍辱负重，妻子马静芬几乎耗尽了青春的能量，病痛缠身，身体一度处在崩溃的边缘。由于母亲在生他时营养不良，褚一斌儿时患有严重的关节炎。走在路上，他经常会因关节无力而突然毫无征兆地摔倒。父亲每次带他出门，总是会"命令"他走在前面，看着他走路。褚一斌回忆说，走在前面的他，随时能感受到身后父亲如炬的目光。尽管褚一斌使出浑身的力气，不想让父亲见到他当街跌倒的窘迫，但无奈还是被父亲一次次当街扶起，然后呵斥道："怎么回事？连路都走不好，以后还怎么成为一个有用的人？"面对呵斥，褚一斌有时会选择悄悄躲在父亲的后面走，但很快又被"拧"到前面。

那时的褚时健，很少会表现出他作为父亲温情的一面。但褚一斌知道父亲是爱他的，一旦褚一斌做了出格或者危险的事情,父亲就会暴打他一顿。被打这种事情在别的小孩子看来,是一种惩罚,但在褚一斌看来却是父亲关爱他的另一种表达,他知道父亲是在乎他的。

少年时代的褚一斌,很少能在父亲面前高声表达自己。父亲这座山,有时候会压得他不敢有任何的年少轻狂。这也使得成年后的褚一斌,急切地想逃离父亲去独自生活。

褚一斌大学毕业工作一小段时间后,最终在20世纪80年代后期选择了去日本留学。

或许褚一斌自己都没想到,从他拿上登机牌坐上飞往日本航班的那一刻起,此后竟是长达近三十年的漂泊生活。日本、新加坡、美国、菲律宾等地,都留下了褚一斌坚韧、自强,同时也有些彷徨、无奈的身影。有一段时间,褚一斌时常对着镜子中的自己,竟一时搞不清镜子中的那个人到底是谁。

此前的父亲,就像一束炽热的强光,炽热得让他不停地逃避,光亮又让他在黑夜中终究没有迷失自己。后来褚一斌自己开玩笑说,此间种种,皆是有一天他在田间地头拿起锄头的序章。

2012年,"褚橙进京"引发全社会的讨论,褚时健一度成为企业与企业家中的"流量"中心。这年年底,褚一斌接到父亲打给自己的电话:"回来吧,我年纪大了,跑不动了。"随即,褚一斌安排好手头的工作,断绝了此前的圈子,全身心回到父亲身边。

2019年3月5日,92岁的褚时健走到人生的最后几个小时。褚一斌陪在父亲床前,父亲鼻子里插着鼻氧管。不受摆布的褚时健试图拔掉鼻氧管,此时他依然觉得自己可以掌控命运。褚一斌第一次"斥责"了父亲,迅速抢过鼻氧管给父亲重新插上。

老人终究还是油尽灯枯。褚一斌望着逐渐变平的心电图波形,用手轻轻拍打父亲的脸庞,并抱着父亲大声呼喊。褚一斌说,这是他第一次与父亲靠得如此之近,这也是他与父亲的第一次拥抱。

直到医生提醒他,褚老已经没有生命体征了,褚一斌才意识到要去给父亲清洗身体。他拿着一个盆、两块毛巾,当擦至父亲眼部时,突然又看到父亲的眼神。他觉得父亲此时还是有意识的,还在看着他。

在为父亲守灵的几天里,褚一斌每天都会独自对着父亲的

褚橙新标识中褚老微笑的原照片

遗像许久，这或许是他们父子之间难得的心灵对话。直到第五天，褚一斌突然发现遗像中的父亲在对着自己微笑。这种微笑似曾相识，他不记得在何时出现过。褚一斌翻箱倒柜，在父亲留下的所有照片中疯狂寻找，终于找到一张有着相似微笑的照片。

当褚一斌静静凝视着这张微笑的父亲的照片时，不觉自己的嘴角也开始上扬。那一刻，褚一斌知道自己和父亲完全和解了。正如苏轼的名句"依然一笑作春温"。褚时健的精神意志，也在这一刻在儿子身上实现了温和的交接，两代褚橙当家人紧紧连在了一起。

褚一斌说："如果一个人的一生是有成就的一生，一定是丰富的、幸福的一生。很多人把老爷子的起起落落界定为一种痛苦，但我认为他的一生是幸福的、圆满的一生。一个人得到了想要得到的东西，完成了所向往的目标，他就是幸福的。"这就是褚一斌在2019年把褚橙标识中父亲的表情从苦脸改成微笑的原因。褚时健严肃了一辈子，但最后走的时候是带着满意的微笑走的。褚一斌希望也把父亲这种微笑带给家人，带给社会。

此后，褚一斌开始真正在果园沉下来，以"农民伯伯""老农民"自称。在此之前，褚一斌身体一直不是很好，甚至有医学专家预言他活不过49岁。扎根果园的褚一斌，就像一棵橙树突然找到了一块适合其生长的土壤，逐渐恢复了生理机能，经常失眠的他，睡得好了，吃得香了，身心也有了从未有过的放松。

从做金融投资到拿起锄头，这个转变对褚一斌来说其实很难。但他却转变得非常彻底，以前金融人士的生活方式完全没有了。除了偶尔在大家都下班后在庄园的池塘边独自钓一钓鱼，他几乎没有其他任何业余活动。偶尔离开一次果园，也会尽量当天赶回来。母亲、妻子、孩子要找他，都得来果园。

"橙心"

一颗"橙心"，就是一份诚信。

褚时健认为诚信就是要对褚橙本身的产品做保证，品质好、质量高，并且要不断进行"产品提升"，最后再去谈"长盛不衰"。褚一斌进一步说，一个企业也好，一个人也好，诚信是做事最基本的逻辑。如果连诚信都没有，无论你在哪个圈子里，你的行为都是短线行为。提起短线行为，褚一斌又回忆起在金融市场的经历，说银行会根据企业的价值，也就是收入和利润的情况，做出综合判断，然后给企业一个长期可用的资金透支权限，就如同信用卡一样。个人的信用卡限额，就是能透支的额度，就是对个人诚信标准的量化。

说到诚信，褚一斌讲了一个朋友家孩子的故事。这个孩子在北京一所名校读中学，高中时做了一个名叫"诚信供销社"的实验。就是用三轮车做了个小货架，在上面放了一些小商品，再给那些小商品标上 1 元、5 元、10 元等价格。然后，把这个三轮车放到学校人流量最大的地方，就不管了，等待同学们自己拿商品，自己付钱。我们开玩笑说，这可能就是我们现在讲的"无人零售"。

最终他的统计显示，很多人都是按照既定的价格去支付的，甚至有不少人在只有5元钱没法找零时，尽管买了一个1元钱的东西，也还是支付了5元钱。也就是大家都是宁愿多付，没有出现少付的情况。

褚一斌听这个孩子讲实验结果，大大表扬了一番，说："诚信就是中国商业最重要的一个环节。因为缺乏诚信，我们全社会都付了很大的代价。如果企业之间、人与人之间缺乏诚信，沟通成本就很高，社会效率就会很低。你的实验告诉我们，一代代人的诚信水平正在逐步提升，这是非常好的事情。"

具体到产品，褚一斌认为褚氏农业的诚信，未来就是做到让消费者、经销商一看到"褚氏农业出品"的产品，就不需要任何沟通，天然就选择信任。品牌的内核就是信任，信任是打造品牌的基础，而褚氏农业就是要做到品牌承诺的是什么，结果就是什么。

褚橙如今俨然已是橙类的一个品种，是以褚老对产品精益求精、和品质死磕到底的精神造就出的优质品种。褚氏农业的橙子从种下到挂果的时间里，技术团队对种植方法、肥料配比、种植数量、种植间距、果径大小、口感酸甜度的比例控制等细节，都在反复试验和总结。

以往的农产品从田间到终端消费者，通过经销商、商超、社区便利店、线上平台等销售，渠道较为分散、碎片化。褚橙建立了自己的销售渠道，把货直接铺到水果店，直接面对消费者。同时，褚橙由于其独特的价值点和极致的品质，经由电商、媒体进行传播报道，很快引爆了市场。

未来，褚氏农业的产品品类会越来越繁杂，但褚一斌强调，拓展的前提一定都是好产品。其实每年都有很多品牌想跟褚氏农业做联名，还有一些做得还不错的产品想用上褚橙的品牌，给予褚氏农业极高的品牌授权费，但都被褚一斌毫不留情地拒绝了。"作为企业经营来讲，要讲究一个合理的利润获取。我们在创造褚橙这个品牌的过程中，花了很大的代价，它是老爷子十几年的心血。今后我们要做的事情，是要提升这个品牌的价值，是要做增值动作。我们没有权利去消费它。龙陵基地是我一手创立的基地，那里的冰糖橙至今都没有用褚橙的品牌。连我自己都不去碰，为什么要让别人去碰？"

曾经有一家全球著名的连锁超市想在自己的店里大批量引进褚橙，但是跟褚橙的销售团队提了一个要求：去掉褚橙的品牌，用它自己的自主品牌，进货价格好说。销售团队把这事情告知褚一斌，他一听就火了："不尊重我们品牌的企业，再大我们也不合作！"

另外，经常有一些网红品牌会寻求跟褚橙合作，褚一斌对此非常谨慎。他非常清楚很多网红产品的生命周期，很多时候可能是用一个概念短暂地炒火了一个品牌，但是其背后的经营如果去深究，就可能是漏洞百出。因此跟这样的网红品牌合作，从长期来看得不偿失。褚一斌希望跟那些真正稳定经营，一心做好产品的品牌合作，一起打造好产品。

近年来，各类水果价格飞涨，普普通通的没有任何品牌的一个苹果就卖10多元钱也是常事。但褚橙的销售价格常年稳定,一直坚持不涨价,无论产品来自一级经销商还是二级经销商,所有的渠道或门店呈现的建议零售价都是全国统一的,保证整个终端市场呈现的价格都是褚氏农业确定的建议零售价。很多人甚至建议,褚橙该涨一涨价了。但褚一斌说:"越是在别人涨价的时候,我们越是不涨价,来表达我们对消费者的诚意。我们在保证价格稳定的前提下,每年还要给消费者带来品质上提升的小惊喜。"

很多人都会对褚氏农业在每年的种植过程中提前淘汰掉很多果实感到可惜。比如"疏果"这个动作,相当于在果子的青少年时期就提前把大量果子淘汰了,大大减少了产量。对此,工作人员的回答是:"我们的目标首先是保证品质,其次才是保证产量。如果不提前摘掉这些果子,它们就会跟那些品质更好的果子抢养分,造成数量虽然多,但平均品质不够高的情况。"

到了采果季,更是有很多人对已经成熟的花斑果被淘汰出局感到可惜。其实从口感的角度看,花斑果的口感并不差,甚至由于它们生长在树体顶部和外侧,享受着更为充足的阳光雨露,风味更加可口。

我好奇地询问褚一斌:"现在花斑果的售价相比褚橙差多少?"他告诉我:"2021年褚橙每千克的平均售价是30元,而同样长在褚橙基地的花斑果,每千克平均售价只有3元。"面对如此大的差价,很多的人第一想法是既然不影响口感,是不是可以将花斑果打上"褚橙花斑果"的标识装箱上市,每千克价格至少可以增加15元,这样就可以为公司每年增加差不多

3000万的收入。褚一斌却一口回绝:"从内到外都完美的果子才能达到褚橙的标准,我们要做的是不断降低花斑果的比例,而不是将花斑果当褚橙卖。"

除此之外,还有人建议将果子大小不符合标准的冰糖橙贴上"褚橙等外果"的标识进行销售,价格至少也可以比当散果卖高几倍,但褚一斌也坚决不同意。他之所以这么做,还有一个很重要的考虑:一旦放低标准,工作人员在种植管理中就有了"后路",会放低对操作的要求,最终带来的是对整体品质的损害。

褚一斌的"橙心",便在于此。

第七章

褚橙的一群人

❋ 农户处在种植管理的一线，褚氏农业一方面对他们进行充分授权，另一方面让公司的生产、技术等部门为他们赋能。

❋ 作业长是褚氏农业种植管理的基层组织负责人，直接与农户打交道，管理农户作业，对橙树的生长和生产结果负责，是橙树的"监护人"。

❋ 农户、作业长、基地主管构成前线作战团队，而生产技术部、后勤等部门构成支援团队，共同朝着打造好产品方向努力。

❋ 刚性设定底线，弹性调控上限。原则有底线，激励无上限。

❋ …………

褚氏农业的发展壮大，离不开一群在背后默默耕耘的褚橙人。仅有两代掌门人的匠心，没有一群褚橙人在田间地头长年累月的坚守，没有一群人为打造中国最高品质冰糖橙发自内心的努力，既不会有褚橙的现在，也无从谈起褚橙的未来。

以晨跑之名

夏日清晨，哀牢山上葱郁的橙园中传来农民对一个跑步之人的一声热切的问候："褚总，早上好！"跑步之人正是褚一斌。

褚一斌常年居住在果园，晨跑抑或晚饭后的散步，是他与农民交流的一种特殊方式，也是他巡查果园的特殊方式，既可以近距离了解果树的生长状况，又拉近了自己与农民的关系。

褚时健当年因身体不适，不能经常下地，但他一有时间就会从玉溪家中坐一个多小时的车往果园里跑。只要下地，褚时健就会跑到农民家里唠唠家常，甚至有时候还会在农民家里吃饭，与农民们格外亲近。

褚时健与农民的这种关系，并不是一开始就有的。当年，褚时健决定进行规模化种植，就意味着要把农民们分散的土地集中起来。当地老百姓每家可能有几亩、十几亩、几十亩不等，而且每家人的几块地可能并不连在一起。当时好多农民担心："你们把原来的地貌都整理得一模一样，过三十年以后我怎么来认我家地？"有的还提出来："我家这块地比较大、比较好，我要自己来管。"

起初那段时间，农民们一直动荡不安。有人都种了一年，两年，甚至三年，还会主动退出，导致一些地块反复出现没人管的情况。褚时健跟马静芬就不得不一起到处跟农民们解释，跟他们交朋友、聊天，大家才慢慢安下心来。这种情况持续了很久，直到橙树慢慢长大挂果，基地才逐渐步入正轨。

现在很多老一点的农民回忆起来，都说："那么大一个企业家，常年跟我们打成一片，开导我们，真不容易！"作为公司元老，郭海东一回忆起褚时健就感慨道："一个老人家有这么坚强的毅力、这么朴实的作风，与农民融为一体，我自己都被深深地感动了。随着时间的推移，我受褚老的影响越来越深，在内心中把他视为榜样。以前、现在，甚至包括将来，我在做每一件事之前，都会先去考虑，如果是老爷子，他会怎么看，他会提出什么问题，他又会找到什么样的解决办法？在我的内心深处，褚老时刻在鞭策着我。"

不仅如此，褚时健也经常走山路，发现问题就及时找农民询问，并亲自去教他们应该怎么调整，然后进一步跟进观察、检查效果，直到问题完全解决为止。褚时健经常说："既然做事,就要做好。我们要为每一个买我们橙子的人负责,我们要一起努力种出全中国最好吃的橙子!"褚时健认真的工作风格,让农民们感到非常安心。每次褚时健下地,农民们都会耐心劝他,说自己会全心全意地种树,可他仍然坚持。

果园建设初期,在地里干活的农民很多,褚时健经常会在车上放很多糖果,下车时就抓上一把放到兜里。每次他走到地里,一边问问农民们地里农活的进展,一边从兜里抓点糖出来:"来来来,吃点甜的。"农民们高兴得不得了。

褚时健过世后,很多农民都异常难过。"我们得知这个消息,三天三夜都没有吃饭,早晨起来一看到家门口的橙树就想到褚老对我们笑的样子,想起他给我们带的糖,想起他再三嘱咐我们一定要保证品质……我脑子里就像放电影一样,就是停不下来。"一个农民说到这里,声音有点哽咽。

很多农民到现在都无法割舍对褚时健强烈的情感依赖。当褚一斌从国外回来时,很多农民不了解他,只知道他在国外多年,没有接触过农业。所以,农民们内心忐忑不安,甚至产生了怀疑:"他能像褚老一样扎在果园里,吃下这份苦吗?"

好在褚一斌并没有辜负大家的期望。与他父亲比起来,褚一斌在对农户的管理上有些不同。等他接手时,农户们都已经比较稳定,种植操作上已经有了十多年的经验沉淀,都比较规范。因此,褚一斌不需要做很多对农民们的开导工作。他喜欢对农民们以结果论英雄,充分发挥农民们在种植过程中的自主创造力。

这样做的原因,首先是农业种植就算再标准化,也一定会带有经验的成分，没法控制每一棵树长得一模一样，因此要管到每一棵树的细节就不现实。其次是农业从业者习惯自由的生活模式，大城市写字楼里的那套标准化工作流程在这里行不通。从结果出发反而更加能够刺激农民，他们会相互学习，主动提高自己地里果子的产量和品质。

在平时的种植过程中，褚一斌不要求对农民们管得太细，而是让基地的技术部、生产部等部门为他们赋能，给他们提供帮助，主动权都在农民们手里。但是到了采摘季节，褚氏农业就会根据产量和成品率对农民们进行收入再分配。如果最终他们一年的产量和成品率都不高，年收入就会下降，他们自己就会着急。下一年，他们就会主动在种植过程中总结自己的问题，寻求技术指导，并且会学习其他农民的经验。一个新平老基地第三作业区的农民说："对我们来说，看到果子就像是看到一张张钞票。毕竟把果子种好一点，成品率高一点，一棵树多结两个果子，产量稍微增加一二十吨，那我们的年收入就能多一两万元。"

这样年复一年，在褚氏农业工作的农民们经验就越来越丰富。一位技术人员告诉我，褚氏农业的农民们经常会被别的企业邀请过去做技术指导，技术指导费是在当地其他企业工作的农民的三倍以上。

马静芬在评价儿子与农民的关系时说："褚一斌不是不喜欢和大家打成一片，只是他喜欢一切从简。你看，他就很喜欢和员工们一起吃自助餐。他和作业长们的沟通，也有他自己的方式，轻描淡写地建立了朋友关系。虽然不像老头子一样有酒有

褚一斌在采摘季与农民们交流

肉地建立情感关系,但褚一斌仍然与大家保持了一种非常亲密的关系,作业长会经常主动找他沟通,说真话,讲实事,一起解决实际问题。"

果子采摘时,公司一般不会集体组织聘请临时工,而是农民自己找亲戚朋友来帮忙,自己给他们做采摘的技术培训。这时,每个农民自动变成了一个灵活且有战斗力的"自组织"。

褚一斌告诉我,想看哪些农民采摘组织得好,就看采摘期他家果园里走地鸡的变化。农民平常会在自己负责的地里养一些走地鸡。每年到了采摘期农民聘请临时工来帮忙时,都会在晚上杀鸡喝酒庆祝一下。新平是彝族傣族自治县,这里的少数民族都喜欢喝点酒,因此在长达一个多月的采摘期中,白天采摘,晚上为消除一天的疲劳,农民们杀鸡喝酒就成了一种常态。如果有人舍不得把自家养的走地鸡用来招待临时工,那就可以初步判定他家的工作状态不太好。

农民干得好了自然收入就多，如果干得不好，有很多人在后面排着队等着接替他们。如果连续两年产量和成品率上不去，也会面临被替换的风险。实际上，很多周边的老百姓都想来褚氏农业工作，成为这里的种植户。新平老基地主管刘洪说："现在想要在褚氏农业种橙子，都要排队'拿号'。等有农民种植绩效不好，退出后，这些候补的农民才有机会补上。"

在新平老基地，当种植户"退休"时，如果家里人愿意继续种，会被优先考虑。23岁的李春花是种植户之一。2019年，她就接替了50多岁的父亲，和丈夫一起成为所在基地的夫妻档。这些农民平时都住在田间管理房里，生活、工作不用离开家乡，孩子也在身边，可以专心照顾橙树，生活无忧。"父亲下山帮我妹妹照顾孩子，我们回家单程只要一刻钟就够了。"李春花说。

橙树"监护人"

"你好，我是新平基地第四作业区的作业长。"
"你好，我是龙陵基地第一作业区的作业长。"
…………

作业长是褚氏农业管理层的基础单元管理者，如同部队的班长。之所以叫作业长，是因为褚时健有意仿效当年在玉溪卷烟厂期间对第一车间里生产一线负责人的称呼。作业长的责任就是直接与农民打交道,管理农民作业,对橙树的生长和生产结果负责,可以说是橙树的"监护人"。

由于褚时健刚开始种橙子时,只有一个基地,他就采取了一种极为扁平的组织架构。从褚时健到农民,中间只有作业长一级,也就是作业长上直接对褚时健,下直接对农民。褚时健给作业长的定义是:有关生产的技术工作、管理工作,通通集中在作业长身上。所以作业长们不但要懂技术,还要懂行政管理。

褚时健最早给新平老基地设立了四位作业长,他们也被戏称为他的"四大金刚"。这些人后来成了褚氏农业的骨干力量。当初他们作为技术人员被褚时健招来时,基地条件极为艰苦。作为最早的四位作业长之一,郭海东回忆道:"2003年,我刚来到基地时,连水都不敢喝,全是黄色的。在土地开发的时候,基地尘土飞扬,眼睛都睁不开。我那时候早晨穿件白衣服出来,晚上回去就变成黄色的了。那时候我的衣服不是穿烂的,而是洗烂的。"

而且,这些早期的作业长管理农民时遇到的沟通阻力也不小。当时愿意留在地里干活的农民很多都不识字,每从事一项生产作业,作业长都要手把手地教。比如打药时他们看不懂说明书上的数字,作业长就专门跑过去给他们一一解释。再比如给树施肥,有的农民以为肥料就应该在树的树冠下面浇,这时候作业长就得告诉他们,树根在外圈,需要在稍远的地方浇。一些农民不明白,说不在树下面施肥,偏偏跑到旁边去,这不是开玩笑吗?这树能吸收吗?到时候都给草吸收了。作业长没办法，就得把一棵树的根系图画出来给他们看，他们才半信半疑地跟着做。

刘洪回忆起当初褚时健教他如何做好作业长时说："以前褚老经常告诉我，管理作业区，在每家修剪树枝时，都要先修给农民们看。让他们先学一学，然后再让农民们自己去修。修得不到位的，就比较一下，不管是产量、果子大小还是口感，看看是不是跟我剪过的一样。如此一来，他们才会发现自己的问题，才会服你，才更加便于管理。按照褚老的办法做，不仅可以把技术教到位，还有助于我后期的管理。褚老常说，如果打定主意干农业，就要把理论和实践结合起来，不仅要技术过硬，还要会有效管理。"

褚时健在跟几个作业长开会时，经常强调跟农民们打交道的一些基本原则，比如公平。按照褚时健自己的说法，他在做事之前先衡量，这件事别人吃不吃亏？如果发现别人会吃亏，那他就会进行调整。褚时健强调，作业长在跟农民们打交道时，首先要让所有人感到公正，要将心比心，做到公平合理。跟农民们打交道千万不要硬逼，要学会换位思考，设身处地地考虑对方的顾虑。在保证公平的基础上，消除他们的顾虑。

曾在龙陵基地工作过的谢官付说："褚总（褚一斌）接手褚氏农业之后，要求我们不但要照顾好树，还要管理好人。比如农民有没有按时给树浇水？如果一家一共管理3000棵树，一旦发现有1棵树没浇好，仔细找，可能就会发现有100棵树都有这样的问题，进而影响4吨的产量。我们要产量，更要品质，所以我们要把每一棵树都管好，只有保证每一棵树的品质，才能最终保证褚橙的口感与质量。"

现在褚一斌还经常强调作业长们要愿意管人、敢于管人。有些作业长技术很好，也愿意做事，但是不愿意得罪人，总想当老好人，那是当不了作业长的。

与以往不同的是，在作业长之上，褚氏农业为每个基地都增设了基地主管。不过，褚一斌仍然会参与每个基地的作业长会议，通过作业长去了解一线农民和果园的情况。另外，为了通盘对各个基地进行生产和技术指导，在总部层面设立了生产技术部，在各基地设立了生产部和技术部。同时，褚一斌在每一个作业区都设了技术员和植保员，负责日常的巡查，将地里的第一手信息上传至技术部。作业长们的一线生产信息也会经过生产部和技术部的技术性筛选后汇报给褚一斌，这样他就能更有效地处理果园的各种状况。

褚一斌深刻地认识到作业长这一岗位的重要性，现在他还给每一位作业长都安排了助理。这些助理都是年轻人，大部分都是刚从农业大学毕业的大学生，有些还是褚氏农业的"二代"。对这些年轻的作业长助理的培养，褚一斌认为：首先，要看年轻的这一代能不能沉下心来；其次，他们能不能和地里的农民们打成一片；最后，在学习知识的过程中，他们能不能接受"回归到我是一个农民，我是一个种田的人"的本质。如果无法回归，那么永远做不好这件事。

我在所参加的一次生产检查中，正巧遇到了新平老基地第二作业区的作业长助理申文卓，大家都叫他申哥。申哥的父亲就在褚氏农业工作，负责检测基地内的水源。聊起褚一斌，申哥说:"褚总经常和我们说,我们每天不能只骑着车去地里看,要去走、去实地体验,才能看到细节和本质。如果只听地里的农民给我们讲,是不会有实际效果的,后期的决策和处理问题的方式,即便我们提出来了,农民也不会认可。千万不要有'我是一个大学生,我不是一个农民,我只是需要一个平台'这种想法,这样是不可能做好实际工作的。"

果园的彝族广场舞

晚上七八点钟,在通往褚橙庄园必经的一块空地上,时常会看到一群人载歌载舞,好不热闹。在这里跳彝族广场舞的,都是褚氏农业的员工和当地的农民们。为了让广场舞更有氛围,行政部还会专门安排人领舞,并且专门采购了音响设备。

"组建广场舞团队,大家都非常开心,这也是一个互相交流情感、加强沟通的平台,为各部门间的顺畅沟通打下了良好的基础。"老基地行政部主管刘勋开玩笑说,"我每天都抓一些员工去跳广场舞,大家凑在一起,娱乐娱乐多好啊。"

因为山里人少,活动也少,没有城市里随手可点的外卖,连去戛洒镇取快递往返都需要将近一个小时。为了增加大家工作之余的文化活动,行政部特意准备了丰富的娱乐活动。

作为行政部的主管,刘勋得到最多的指示就是要为员工们做好服务工作,让他们安心种橙。"我经常告诉大家,有什么困难，有什么需要帮助的，尽管和行政部说，我们一定第一时间协调解决。"

刘勋的话在我居住在褚橙庄园期间得到了验证。一次，我在吃晚饭时晚到餐厅半小时。褚一斌问我是不是忙得忘了时间，我很无奈地解释道："我刚去洗衣服，但洗衣机只有一个，我不得不等前面的人洗完。"

说者无心，听者有意，只见褚一斌抬头看了一圈，目光锁定在吃完饭正准备起身走的刘勋身上，伸手示意他过来。褚一斌一脸严肃地说："那边给大家准备了几台洗衣机？""目前是准备了一台，那边人也不多，够用的。""不行，抓紧再去准备两台安装上，不能让大家因为排队洗衣服牺牲掉休息和吃饭的时间。"

刘勋连忙点头答应，随即便走出了食堂。

到了第二日，待我再去洗衣服时，惊喜地发现已经有两台崭新的洗衣机运转起来了。我当时就感叹，有如此高效的行政效率，何愁员工满意度不高。

尽管如此，褚一斌对目前公司的现代企业制度建设还是不满意。

褚时健当年只需要对新平老基地进行管理，相对简单，而且年纪毕竟大了，精力有限，没有在职能部门建设方面花太多时间，而把主要精力放在了田间的种植管理上。褚时健还有一个考虑，职能部门的人太多了之后就会自己找事来证明自己存在的价值，他们过于干预田间管理，反而不利于种好橙子。很多时候，公司是在他的个人魅力下有效运行的。

等褚一斌接手时，情况发生了转变。四个基地都整合进了褚氏农业，地块分布在几个不同的地方，人也多起来了。规模、产量一下也提升了很多，他想，必须尽快把各个职能部门的支撑功能搭建起来。

并不是所有的职能支撑团队，都像行政部这般运转得顺风顺水。褚一斌告诉我："说起来你可能不相信，两年时间我共计换了两位财务主管和五位人力资源主管。"褚氏农业从员工人数来看，不能算规模大，但是很多制度在执行过程中遇到的阻力却要远远大于一般的工业、服务业企业。

褚一斌回忆道，人力资源部的两位女性和一位男性，都在管理过程中掉过眼泪。而且人力资源部曾制订过一个考核方案，但是在执行落地的过程中，基地方面不理解政策，且态度强势，加上有些农民还故意刁难，使当时的几位人力资源主管夹在褚一斌和基地农民兄弟之间，长时间面临巨大的压力。由于顶不住压力，加上觉得自己没能履行好职责，他们最终选择了辞职。

每说到这些事，褚一斌总是一脸忧心："我们全员都在朝着持续种出全中国最好吃的冰糖橙去努力，前线的农民已经在热血奋斗，可后方职能部门的人却在掉链子。如同打仗一样，前线都吹响冲锋号了，可增援力量却没跟上。这种事情是绝对不可以容忍的。"

对于职能部门的主管，褚一斌现在非常重视他们的内心是否坚强，是否能在重重压力下恪守职业的底线和规则。另外，褚一斌还会把同理心作为一个重要的考察点，他认为能否理解农民兄弟非常重要。

褚一斌迫切希望改变的，还有四个基地管理体系的差异性问题。

因为四个基地建立的时间有先后，甚至有的基地种植的品类也不同，人员的构成也不同，导致在管理体系方面的差异性也较大。比如龙陵基地，总体来说人员偏年轻，学历也较高，有不少是从农业大学毕业的专业人才。龙陵基地的人相对于新平老基地的人，规则感强，但经验不如老基地的人丰富。而且，由于龙陵基地、陇川基地离新平老基地实在太远，在管理沟通上也存在一定的困难，导致在执行总部的一些决策时，会出现不同程度走样的情况。

当初接手时，最让褚一斌揪心的是"山头文化""诸侯文化"。因为原来四个基地各自管理自己的业务，都是相对独立的"分公司"，在褚一斌接手初期就出现了各自为政、互不认账的局面。为了打破各个基地的"山头文化"，让大家能相互融合，褚一斌要求各基地相互派人轮岗学习。但是这一要求落实起来并不容易。

一位从龙陵基地轮岗过来的技术人员说，他刚到老基地的时候，大家都不愿意教他，直接把他晾在那里，甚至还要降他的工资。待了两个月，毫无所获，正当他垂头丧气想回原基地时，褚一斌劝他，让他主动出击，跟大家搞好关系，然后学习就是自然而然的事情了。

一个企业的迭代升级，总是要付出很多的代价。融合、缩短管理差距的过程是痛苦的，要摔倒、磨合，褚一斌自己也在接受这份历练。褚时健的时代是打江山的时代，他努力把种橙子的事情做起来。而褚一斌现在不但要做事，守住江山，而且要做得更规范化、更体系化。

　　一个企业的成功，永远不会是一个人的成功。组织能力不是个人能力，而是整个团队所发挥出来的整体战斗力。褚一斌说："希望未来有一天，公司离开我仍然可以自己运行。未来的褚氏农业的运行主要靠制度，而不是几个能人。那个时候公司内部机制就已经畅通、协调了，我也就彻底放心了。"

让褚老精神长在橙子里

　　每次在种植褚橙的果园里走，看到一个个橙子，我脑海中总是会冒出一个想法：这些橙子之所以能叫作褚橙，不仅仅是因为它们的口感好，更是因为橙子里蕴含着褚老精神。很多人吃褚橙的时候，不仅是在享受味蕾感受到的酸与甜，更是身临其境地被代入褚老跌宕起伏、不服岁月的人生。

　　未来，这种精神能继续传递下去吗？如果有一天大家吃褚橙的时候，发现除了橙子本身之外，已经感受不到精神层面的价值了，那又对褚氏农业意味着什么呢？

　　对于褚橙这个品牌，褚一斌认为它目前有两个属性，一个是产品属性，一个是人格属性。产品属性主要是指产品品质好不好，即橙子吃起来好不好吃。对褚橙而言，品质必须作为基础支撑，在这个基础上再构建精神属性、文化属性。如果一个品牌只能代表产品本身，缺乏了精神属性、文化属性，这个品牌就是失败的。至于褚橙的人格属性，褚一斌认为它的占比在未来会逐步降低。

他举例说，肯德基在初期阶段利用山德士上校的人生经历讲品牌故事，在产品好吃的基础上用故事辅助塑造品牌，以此成就了肯德基的起步阶段。但到了今天，很多小朋友不会再跟山德士上校的头像合影，甚至根本不知道他叫什么。这个时候的孩子们已经不知道他的故事了，只知道肯德基味道好，并且它的味道已经被认可了六七十年。山德士上校的头像如今也只是一个代表信用、安心、可靠的象征性符号。这个过程就是肯德基的产品属性和人格属性的占比变化过程，褚一斌认为褚橙这个品牌的未来也大概是这样："到那个时候，年轻人知道褚橙标识上有个老人，但这个老人有什么样的人生可能并不为人所知，更不会有人了解褚一斌的故事，到了第三代、第四代，人格属性就更加淡化了。"

对褚一斌而言，不仅要考虑褚橙人格属性在消费者端的认知问题，更要考虑在员工层面、企业文化层面对褚老精神的传承问题。他希望当员工在田间地头工作，望向挂在树上的一个个橙子时，也能从中汲取一股褚橙人精神的力量，并把这种力量内化到实际工作中。由此形成的企业文化内核，才是褚一斌最看重的。

一个企业想要发展得长久，就需要企业文化的引导。当年褚时健带着寥寥数人来到一片荒山，种下第一批橙树。到褚一斌正式接管时，褚氏农业的品牌和产品已经逐步走到了一个高点。褚一斌和他的团队,正是从这个高点出发的,每个人都战战兢兢,生怕出一点问题。为了推动企业稳定地前进,褚一斌认为就要把褚橙的文化传承下来,并且要让每一位褚橙人发自内心地认可。

企业文化的形成,前几代领导者,尤其是创始人会起到非常重要的作用。甚至有人说,企业文化在某种程度上就是创始人文化。褚时健的精神则是褚氏农业最核心的文化内涵,也是未来根植于每一位褚橙人内心的精神力量和行动准则。

简单地总结褚时健带给员工的精神力量,一是不服输、不服老、跌落谷底后能快速反弹的励志精神;二是吃苦耐劳、不畏艰难、踏踏实实打造好产品的实干作风。

哈佛商学院终身教授约翰·科特曾言,企业文化与长期经营绩效有极高的正相关性。褚一斌非常清楚,企业文化的形成是一个漫长的过程,需要几代人的共同努力,持续内化到员工层面。

实际上,如果我们认真观察在褚氏农业工作的人,就能看出褚氏农业的企业文化正在逐步形成,褚时健的精神已然内化于老员工的行为中。

考虑到龙陵基地还有一些亟待攻克的难题需要工作经验丰富的人去解决,褚氏农业专门成立了龙陵基地攻坚小组。接到这个任务时,郭海东刚做完手术,褚一斌告诉他不用经常去,只在关键节点去就好了。但是郭海东斩钉截铁地说:"如果不让我经常去,那我干脆就不负责龙陵基地了。"郭海东心里很清楚,褚一斌是为了他好,其实褚一斌也知道只在关键节点去肯定效果不好。郭海东说:"他能够考虑我的身体,和我说这些,我当时内心真的是非常暖。但理智告诉我,种植是一个过程,一步错步步跟不上,所以一定要严格、细致、认真地完成整个过程。如果只是在关键节点把控,这样是自己害自己,我们也对不起消费者对我们褚橙品质的认可。所以,我们现在是一步都不能错,就像褚老经常说的,'要做就要做到最好'。"

不过这种老一代褚橙人吃苦耐劳、不畏艰难、踏踏实实钻到田间地头种橙子的精神,要在新一代年轻人里面找到似乎不容易。很多时候公司人力资源部招到一批年轻的大学生,过一段时间,有的就因为忍受不了田间作业的辛苦和枯燥生活而离开了。

褚时健担心招进来的人不能踏踏实实沉下心种树,这是他最不能够容忍的。他说:"如果你想要你的果子为你带来荣誉感,那么你要先将它服务好。我们做农民,就要做踏实肯干、吃苦耐劳、诚实守信的农民。我们既然种了橙子,就要为大家种出最好吃的橙子。大家买回去吃起来甜,认可我们褚橙的口感,那就是大家对我们的努力的认可,比任何回报都要好。"

现在面对新进的员工,褚一斌常跟他们说:"我们经常是同一个动作不停重复,这就很考验一个人的心态。心态好了,就会根据自身情况对下地的动作进行调节,那么你的形体就会变得适合自己的发展。不要把农业看成一个让心非常痛苦的行业,也不要把下地看作非常难熬的工作,因为只要你的心态够好，你的兴趣在这里，哪怕是被晒黑，内心也是非常开心的。做人做事都是先苦后甜，就连我们的褚橙都是要在7月底酸度达到峰值后，才会慢慢转甜。只有在峰值时足够酸，才会在成熟时足够甜。"

显然，大家西装革履，在办公室吹着空调，这不是像褚氏农业这样的企业的工作状态。在评价中国农业专家和外国农业专家时，褚一斌说他有时候跟以色列、美国的一些农业专家握手，能感觉到他们手上的茧都很厚，他们是老老实实在地里干过活的，而很多中国的农业专家则没有。"我们说从兜里的钱到脸上的光，这个价值链条一定和劳动力有关。从事农业的，不要以为坐在办公室里，手很光滑脸上就有光。一定要在田间地头磨出来点真东西才行。而且不是做那种表面的工作，要切实解决农村、农业的问题。"褚一斌说。

为了找到一批吃苦耐劳的人，褚一斌可以说是想尽了办法。曾经有一次，有一家著名饲料企业因为业务压缩裁掉了一部分员工，而这批员工在新入职时曾经经历过睡猪圈的磨炼，吃苦耐劳。褚一斌听说后，赶紧让人力资源部的人想办法找到他们，询问他们是否愿意来褚氏农业。

在龙陵基地的早上，你经常可以看到一群"90后"年轻人在跑步，这群人就是那次招聘来的。他们均为农学相关专业本科毕业生，现在以作业长助理的身份在跟前辈们学习。来到基地后，褚一斌专门为他们制订了系统的学习成长计划，由作业长负责带教，并要求他们每日雷打不动地出早操——跑步。

龙陵基地的作业长助理们出早操

▶ 原则有底线，激励无上限

"我的风格就是，给你划定一条底线，你不去触碰即可。如果你往正向走，把事情做得好，随便你折腾，我也鼓励你折腾，并且我会帮助你发展，这一点不设上限。"褚一斌把自己的这条原则称为"刚性设定底线，弹性调控上限"。

有一年夏天，一群客人入住褚橙庄园。因考虑庄园湖内的自然生态，褚一斌再三交代客人可以去湖边钓鱼，钓多少都没问题，但不要网鱼或捞鱼。可当褚一斌从作业区检查回来后，原本还在开玩笑的他突然脸色沉了下来。从庄园门口远远望去，湖上一群人正在网鱼，嘻嘻哈哈的吵闹声不绝于耳。

不经常发脾气的他，紧皱眉头快步走过去，当场要求所有人将网上来的鱼全部放回湖中。此时，不知是谁轻声说了一句："褚总，有些鱼已经捞上来一段时间了，放回去可能也没办法正常生存了。"褚一斌厉声道："死了也给我放回去！"

大伙儿见大事不妙，赶紧将所有的鱼放回湖中，围观的客人们也都悄悄散去。当晚，褚一斌为了缓和气氛，特地设宴款待了褚橙庄园的这批客人，并特别说明了他管理公司的一些刚性原则。

在褚一斌看来，一旦触碰底线，任何人都要为此付出代价，一定不能让公司员工有无代价地触碰底线的行为。因为一旦形成习惯，底线就会被一次次突破，造成无休止的恶性循环，企业发展将岌岌可危。

褚一斌的这种底线思维，与他父亲褚时健如出一辙。

众所周知，褚时健与作业长的关系是"亦师亦友"，跟农民相处随和得像邻家大爷。但如果讲到原则，褚时健就让很多人觉得过于严厉了。每次到果园，他都会先到地里转几圈，然后把作业长和农民叫过来，针对自己刚才发现的问题进行提问。如果作业长和农民答不上来，顾左右而言他，褚时健就会立即打断对方："不要说其他的，我问你什么你答什么，不要回避问题！"

一次褚时健到果园巡看果树，发现树上有一种先期打药后本该灭干净了的虫子。他马上把植保员叫来说："在树体很大的情况下没有更换大的打药机，工作这么马虎，你对谁负责？人家看着你是打药了，其实一点不起作用！"最后褚时健一摆手："我看这件事你不要搞了，换人。这种事开不得玩笑，保果子品质是底线。"

褚时健的随和与严肃，在底线前的切换只需要一秒。

相反，褚氏父子对员工的激励确实非常灵活，常常没有上限。

褚时健时期，公司为农民们制定了独创的激励薪酬制度：每月结发基本工资，然后根据年底产量和种出橙子的等级来结算总工资，既保证了农民们的基本生活水平，也起到了足够的激励作用。

对作业长而言，其一年的收入由其工作质量决定，他们之间又有竞争。例如，2013年新平老基地丰产，从2012年的8000吨一下跃到了12000多吨。褚时健除了给几个作业长增加十几万到二十多万的年终奖金外，还每人奖励了一套在玉溪市的150平方米的住房。

褚时健前期经常提醒褚一斌，农民们在这里干活，我们要努力给他们提供比别的农民更好的生活条件。对于作业长们，我们也要让他们的收入一年比一年高。

褚一斌上任后，激励力度更大。自2018年起，褚一斌就大幅度提高了农民们的收益。如果年底考核优异，一个农民的年收入合计可达20万，这大约是当地平均工资的10倍。据了解，作业长们的整体年收入与以往相比也有了大幅度提升，未来将会在此基础上进一步提升。

各个基地的主管更是如此。有些基地主管的年薪已经接近百万，这个收入水平足以令很多城市中的企业高管心动了。

为了让各个基地之间相互竞争，褚一斌有时候会重点表扬做得好的基地。在我们团队参加的多次基地主管、作业长会议上，褚一斌会拿龙陵基地品质在不断提升的事实，故意激一激老基地的基地主管和作业长们。褚一斌的意思很明显：龙陵基地的冰糖橙品质在提升，老基地的人不能躺在功劳簿上不求进步。褚橙的品质是好，但是还要更进一步。褚一斌要用各个基地"赛马"的方式，让整个褚氏农业旗下的品牌都一年比一年更好，给消费者带来更好的口感。

不过这种相互竞争的激励方式，有时候也会引发一些内部的矛盾。

在一次月度生产检查会议上，我就亲眼看到两个基地的管理人员当场发生激烈争执，其中一人甚至直接拍桌叫板："褚总，你这是故意挑起我们之间的竞争！"褚一斌只是微微一笑说："对，我就是要让你们竞争。但在其他地方，我希望你们互相打好配合。有竞争、有合作，这就是竞合，最终拿橙子产量和品质说话。"这种阵势以往我在其他企业都没见过，我的研究生张晶晶在现场甚至吓得额头发汗，生怕会打起来。

散会后，褚一斌对我说："每个人有不同的看法，这个就对了。如果每个人说的话都一样，公司上下只有一个声音，就太危险了。企业也好，社会也好，一定要构建一个向上的状态。所以我们要去引导人，去激励人，而不是去时时刻刻约束和规范人。"

有一次我问褚一斌："如果有一天龙陵基地的冰糖橙品质超过现在老基地的冰糖橙品质，那边的冰糖橙是不是也应该叫褚橙了？"这的确是令褚一斌比较为难的问题，一些管理者对此也有过一些讨论。褚一斌给我的回答是:"如果老基地不进步,龙陵基地的冰糖橙有一天一定会超过老基地的,而且时间不会太久。但是我们也不要静态地看老基地,它也在进步。如果老基地一直在进步,龙陵基地也一直在追赶,那就是一种非常好的状态,最终会带给消费者更好的产品,这才是关键。"

褚一斌的这种做法有点类似张瑞敏提出的"打破平衡"的思路,也就是通过内部竞争机制,把每个人的潜力激活。具体来说,就是要造成这样一种态势:集团内不断出现各项工作都遥遥领先的企业,企业内不断出现绩效特别突出的部门,部门内则不断涌现出工作有建树的员工。与此同时,让每个企业、每个部门、每个员工都有清醒的认知,唯有拼尽全力,以出色的工作保持自己的相对优势,才能不被淘汰。

拍桌子

"褚总,我认为这件事你这样安排不对!"

"那你认为应该怎么样?说来听听!"

只听褚一斌办公室里传来激烈的争吵声和拍桌子的响声。没过多久,门开了,总部生产技术部生产负责人凌育友从中走了出来,脸色有些羞愧。我敲开办公室的门,迫不及待地询问道:"刚才发生了什么事?"褚一斌一如往常点起一支烟,送到嘴边却又放下,看着我笑了笑说:"这个小伙子啊,最喜欢和我拍桌子。我这个人你们是知道的,鼓励大家敢于说真话。但是不能拍十次桌子，有八次拍错了吧。"

褚一斌向来不会批评那些为了种好橙子来跟他拍桌子的人，甚至还会开玩笑地提醒他们："下次来我办公室拍桌子，能不能再提高一些准确率？"

褚一斌这种敢于让下属发挥主观能动性，"做决策人，不做工具人"的思想深受他父亲的影响。

褚时健并不喜欢企业的中层干部只当一个传声筒而没有自主判断的意识和能力。2014年秋天，云南干旱，日照过强，许多果子都被晒爆裂。褚时健着急，从玉溪赶到果园去查看情况。他把几个作业长召集在一起到果园现场商量解决方法，让他们尽快给处于危险边缘的果子套上袋子。他没想到的是，几个作业长说，因为时间紧，没提前和他商量就已经采购了10万元的袋子，准备套上。

褚时健听了非常欣慰，他一直都在鼓励上传下达的作业长们，能够主动做决策，而不是做一个单纯只会执行任务的木偶。自那时起，果园的生产工作计划都由作业长来定，每年肥料结构的调整、灌溉的安排、施肥的时间、剪枝的培训和执行、农民工作的监督和检查，都由作业长来负责。

还有一次，是在2003年树苗大规模种下后的第二年春天，正是施肥的时候。果园里的幼树基本是用草覆盖住根部的，褚时健要求农民们把草从树坑里拿出来，浇上肥水后，培土进去，再放草，这样幼树能充分吸收肥料的养分。

他规定得很严格，农民们必须执行，施肥结果会在农民们的收入上体现出来。但当时的作业长郭海东看出了问题，他知道老人家靠的是理论知识，没有考虑到实际。他算了一下，如果严格按照褚老的指示来做，一个农户负责5000多棵果树，那么这个施肥工作起码要40天才能完成。

有一天，郭海东在大门口拦住了褚时健："老板，我提个建议行不？""说！"褚时健找了个板凳坐下。郭海东把他的考虑告诉了褚时健："如果要搞这么精细的话，农民不睡觉也干不完，而且也错过了果树的黄金受肥期。"说完，褚时健问他："如果是你，你准备怎么施肥？"郭海东说："时间第一位。就简单松松土，把肥水淋进去，再密密地盖上草就可以了。"褚时健吸了口烟，问他："这样施肥效果会不会好？"郭海东确信："这是目前最好的方法。""好！"褚时健立即同意了。

在放权、充分发挥下属主观能动性方面，褚一斌甚至说愿意付一些学费，有些事情不试错就没有成功的机会。让员工如临大敌，过于担心负向结果，就会束缚住大家的手脚。但他也强调说，这种放权的前提一定是员工要自己具备责任心，目标是把事情做好，才会被允许去做一个"决策人"。彼得·德鲁克在他的《管理：使命、责任、实践》中，把管理诠释为：管理任务、承担责任、勇于实践。他认为责任是一个严厉的主人。德鲁克也曾反复强调，认真负责的员工不仅会要求自己，还会对经理人提出很高的要求，要求他们真正能胜任工作，要求他们认真地对待自己的工作，要求他们对自己的任务和成绩负起责任。

新平老基地的作业长周国恩为了让肥料能充分被吸收，他就自己琢磨施肥的方式。一次，他沿着树根施肥，挑了一挑粪浇了4棵树,每棵树只浇半桶。第二天一早再拖着皮管去浇水,粪水干了之后再浇一道水,再继续施肥,如此往复,直至肥料全部浇完。一段时间后,他发现这样的施肥方式似乎更加有效,到第四年时树长得明显好起来。他总结经验认为,把粪肥稀释得更稀一些,这样渗透到树根的效果就更好。周国恩说:"特别是小树,它长的速度相当快。有的农民种下去之后,一年最多浇三四次肥,但是用我的那个方法,你会发现结果真的不一样。不仅产量见长,收益也见好,因为它的果子大且品质好,小树的品质甚至能赶上老树了。"

不仅是在田间地头的作业长们主动思考去做决策人,其他职能部门的人亦然。采购部主管张乾坤就是典型的决策人,他负责公司内所有的农资的采购工作。褚一斌给予他完全的信任与认可,只需要他汇报结果。

在张乾坤看来,从事采购工作心态很重要。他自己的心态是认真负责,打心底希望把工作做好。他上任后,第一步,建立了公司内部的开放式采购平台,接收各基地生产部、销售部等部门的多方面信息,内部员工可以随时反馈。该采购平台可以溯源,真正做到了全员参与、全员监督。第二步,减少了采购的中间代理环节,以降低公司采购成本。第三步,借助褚氏农业在行业里的影响力,与供应商进行良性互动,进而谈判争取优惠政策。第四步,邀请生产厂家来褚氏农业进行交流,增进了解,让生产厂家了解褚氏农业的产品,也让褚氏农业了解生产厂家的技术。

一次采访中,我特意问这位采购主管:"你和褚总拍过桌子吗？"他含蓄一笑，说："首先，我的本职工作就是要把专业性的工作向他汇报，一定要实事求是，把事情说透、说清楚。我的表述方式就是喜欢直来直去，所以经常会有类似的事情发生。其次，如果每个人都认真负责任，看到偏差就去纠正，最后就会形成一个巨大的合力，让公司能够更快更好地去发展，让喜欢吃褚橙的人对我们更加认可。"

褚一斌丝毫不抵触大家跟他拍桌子，他常说："如果大家不敢于质疑、纠偏，把执行搞得含含糊糊、稀里糊涂，就加大了公司的风险。大家公开讨论，把问题提出来，主动去改进，公司的管理效率就会提升很多。如果一个人从来不犯错，我可能就要特别小心了。神仙都会犯错，从来不犯错的人，也许是在刻意掩饰错误，这样的话，最终会给企业带来巨大的伤害！"

可能很少有人想到，褚氏父子这种敢于放权、敢于激发员工主动性的行为，其实在这样的一个企业中是非常不容易的，甚至违背了很多人对农业企业的认知。在很多人的思维里，一个企业领头人管理企业，对高层要用道家思维，让他们充分去发挥；对中层要用儒家思维，让他们承担起上传下达的作用，做好黏合剂；对基层要用法家思维，以保证动作到位，只讲听命行事，不讲创造。但是褚氏农业这样一个团队，大部分人是农民，有的人连文字表达都困难，让他们去发挥主动性是一件尤为困难的事情。但褚氏父子做到了，而且效果非常不错。

被挡在庄园外的褚氏家人

很多家族企业都存在明显的弊端,导致在传承了一两代之后就快速衰落。其中,最常见的问题就是重人情而轻制度,结果家族内部关系十分融洽,但工作无追踪、难落实,有奖励而无惩罚。另外,就是不少家族企业在人员提拔和重用上往往任人唯亲,难以做到"能者上、平者让、庸者下"。用人机制混乱且缺乏章程,从而导致想做事者没有机会。家族内部人对外部员工有很强的优越感,从而导致企业内部协调不畅,员工归属感下降。

为了保证褚氏农业的健康发展,褚一斌接手后就向所有褚氏家人宣布,所有褚氏家人进入公司工作,同等职位要降半薪,工作强度大一倍。换句话说,褚氏家人进公司后,钱比别人少一半,压力比别人大一倍。如若不能接受这个条件,那就不要再想着进入公司。

褚一斌再三强调"不能让褚姓的人在公司内部'嗓门大'",不能动不动就告诉其他人自己是褚家人,平时尽可能少地牵扯家族关系。在公司内,除了褚一斌,目前仅剩两位褚氏员工,一位负责数字化工作,做公司内部信息系统;另一位在新平老基地,做某部门的主管。褚一斌的大女儿褚楚曾经独立经营过几千亩的平田基地,平田基地被收购后,至今也未在公司担任任何职务。

此外,褚一斌还明确告诉自己的家人,不允许干涉公司内的管理事务。比如，他不允许自己的太太参与公司管理。如果她要来褚橙庄园看看，完全可以，就当是普通游客。家人不能去跟员工讨论业务问题，但凡讨论一次，就不允许再来了。褚一斌还特地跟公司的员工交代，褚氏家人来庄园提的任何建议，听听就可以了，不用理会。

很多人认为褚一斌这是大男子主义作风，事实上褚一斌是担心。家里人提的意见如果合理还好，如果不合理就会导致员工左右为难，听还是不听？而且因为他们远离公司的管理，只是偶尔来看看，对公司很多决策的出台背景并不清楚，也很难提出合理的建议。

褚一斌甚至对母亲马静芬也是如此。

一次周五的晚饭后，褚一斌跟我说："你有没有注意到，我们食堂每周五的自助餐都有水果玉米？"我一想好像是。说罢，他突然大笑起来，说起了他母亲的故事。马静芬这两年在新平租了700亩地，本来计划种水果。租完了才知道这是基本农田，只能种粮食，于是就开始种水果玉米。由于产量较大，销售压力就出现了。褚一斌与母亲有个约定，每周五大家都一起来褚橙庄园聚一聚。玉米上市后，老太太每次来都会让司机带一些玉米向儿子推销："你们食堂经理马锐东应该会对我们这个小玉米感兴趣，你们肯定会喜欢。"

褚一斌一听就知道，老太太又想借助关系，来向员工们销售玉米了。但顾及她老人家的心情，他只得赶忙回答："这件事我得问问马经理，我叫人家做的菜，万一员工们不喜欢怎么办？"

褚一斌还告诉我："有一次刚好鑫荣懋的采购总监来庄园，

老太太正巧碰到,说:'原来你是卖水果的,那太好了,你给我留个电话,也帮我把水果玉米卖一卖。'我赶紧笑着过去扶着老太太,找了个话题岔开了。你说,一个90岁的老人家来向你推销,你买还是不买?你要是真喜欢,买了也就买了;如果是碍于情面,那就很不好了。"

平心而论,老太太种的玉米很好吃,我甚至吃完之后还专门找老太太买了几十箱送给朋友品尝,反馈都很好,不少人吃后都追着我再帮他们买。我私下也问过一些员工,他们也很喜欢这种玉米。但是褚一斌的做法,还是让食堂在每周五老太太来的时候做一次就行了,既不让食堂为难,也让老太太开心。

褚一斌给家人唯一的特权,就是他们如果来公司,可以提前跟厨房说想要加几个菜。即便如此,褚一斌也不想给厨房造成太多困扰,比如他的小女儿每次来庄园基本上只加一条鱼,而且这条鱼还是褚一斌提前一晚在池塘自己钓的,只是让厨房帮忙加工一下。

做人做事有明确的界限,这是褚一斌给我的极为强烈的感受,"界限管理"或许是褚一斌在管理思想上最突出的标签之一。

褚一斌说他年轻时身边经常有很多哥们儿,整天玩在一起,常常出去喝酒玩。但是在他结婚的前一天,跟那些哥们儿痛快地喝了一次酒后,他说:"明天我就结婚了,再也不能陪兄弟们喝酒了。"大家开始时以为是玩笑话,烘托一下结婚回归家庭的氛围罢了。但是,褚一斌真的做到了,这些哥们儿在多少有些失望的同时,也心生了更多的敬佩。

这样的刚性，褚时健在人员管理上也诠释得淋漓尽致，对待亲戚从不搞特殊化。在卷烟厂时他就强调亲友不要到厂里来沾光；后来建了果园，亲戚们想这是自己家的产业，本以为褚时健可以"手下留情"，但还是没有得到"赦免"。亲戚们来果园工作，褚时健都会让作业长对他们格外严格要求一些。很多人受不了就离开了。甚至有一位亲戚认为作业长故意找碴，一生气背着除草剂把这位作业长家的菜地给破坏了。褚时健转脸就让这位亲戚回了家，不让他再在果园干了。

在褚一斌看来，他之所以特别强调界限，从管理角度而言，是出于降低沟通成本、减少摩擦的考虑。他说如果不是他非常明确地界定一些边界，公司管理就会出现很多模糊地带，让下属不知道该听谁的，在执行中就会为难，效率也会降低，犯错的概率也会增大。

虽然父子俩对待家人都有严格的界限管理，但也有柔情的一面。

2012年，褚一斌接到父亲电话让自己回国帮忙时，用两个月的时间训练十来岁的孩子独立跑去银行取钱、去超市买东西等生活流程。两个月后，他语重心长地告诉孩子们："对不起，我要回去陪爷爷了，因为他已经老了。未来某一天我也会变老，可能也需要你们的陪伴。"

马静芬喜欢聊天，我们在庄园期间，她每次来庄园，褚一斌都会跟我偷偷商量："你能不能抽点时间跟老太太聊聊天，让你的几个学生也一起陪陪老太太，让她开心开心。"有时候，他会特意安排一次火锅宴，买一些食材，让我们陪着老太太边吃边聊,他自己不参与,还是吃自助餐,在旁边微笑地看着。儿子眼中对母亲的柔情,旁人看了自不必言说。

有时候褚一斌给我的感觉,就是这般的"侠骨柔情"。

第八章

众人拾柴

❋ 只有实验室数据表现良好且基地主管、作业长试用过都觉得靠谱的农资，才在各个基地大范围推广。

❋ 在考虑经销商时，整体原则：要保证全国各地的消费者在褚橙的销售季，能够便捷地买到最新鲜的正品褚橙。

❋ 倾听市场的声音。既要对自己的消费者有全方位的了解，也要对终端产品的分布和流向情况有更细致的掌握。

❋ 每年进入 6 月以后，基地会定期出具对果子的检测报告，检测项目包括果子的果径大小、糖度、酸度、转色情况等等，一方面在各个基地进行横向比较，另一方面也会和往年做纵向对比。

❋ …………

商业运行是一个有机的生态系统。打造好产品，企业自身的努力固然重要，但与外部资源的合作也必不可少。在产品价值链上，只有每个合作伙伴都朝着一个共同的目标努力，才可能打造出真正的好产品。这正是"从一个人的橙，到一群人的橙"的核心含义之一。

◆ 果树也要讲求食品安全

褚时健曾跟下面的人开玩笑说，人要吃得饱、吃得好，要保障食品安全，树也是一样的，"树不会说话，但是它能表现出来"。

然而，要保证果树的食品安全，并不是一件容易的事情。

"现在的农资市场乱得很，品种让人眼花缭乱，我都不知选购啥才好！"留守家中种地的 65 岁的王大爷发牢骚道。这也是当前整个农资市场的普遍现象，品种多、质量参差不齐，让非专业人士难以辨别。一些农资市场上，换包装、偷含量、傍名牌、套洋名的现象时有发生，部分不法商家用虚假宣传误导农民，少数商贩甚至恶意坑农。另外，农资打假问题也让人头疼，与褚橙常年合作的业内厂家对此也非常无奈。

绝大多数普通农民比较看重成本，再加上自身文化水平不高，品牌意识匮乏，很容易吃亏上当。

新平老基地的植保员小刀曾说过一个小故事："我到外面的门店里想问一下灭红蜘蛛的药有哪些，老板就拿出来一瓶药给我。我一看不对，这药要和别的药配在一起才有效，但人家就不告诉你。要是你没发现，买了，等你过两天打完发现没效果，肯定还要继续找他买。"

他认为食品安全问题的本质是农资滥用，药用肥的使用无质量标准、无数量标准，导致市场上出现假化肥、劣质化肥。多年来，农民使用农资多根据经验，没有科学标准指导。有感于此，褚一斌这几年一直在组建褚氏农业的农资供应链，利用褚氏农业的品牌优势，联合行业头部企业与行业协会等组织，在全国范围内及国际市场上寻找优秀的合作方进行统一管理和标准化运营。

对很多吃水果的消费者而言，最担心的问题就是水果表面或内部的药物残留量。把水果购买回家后，如何清洗、浸泡以降低药物残留量，成了水果入口前的头等大事。谈到这个话题，褚一斌说，保证食品安全的国家标准只是他们长期以来坚持的最低标准。褚橙拥有国家绿色食品A级产品认证，而此项认证要满足多项严苛的规定。除了原产地戛洒基地的整体生态环境质量要符合规定标准，生产过程中只允许限量使用限定的化学物外，还必须按特定的操作规程来进行果树的种植和产品加工，产品质量及包装都必须符合特定标准，并经专门机构认定，方能被许可使用 A 级绿色食品标志。

每逢年初，各基地就会早早上报全年计划用药的次数，防控的重点虫害种类和营养计划涉及的大肥施肥次数、叶面肥施肥次数，以及各种肥料的施肥月份……

对于病虫害的防治，褚氏农业一直强调要遵循预防为主的原则，尽量让果树从一开始就远离病虫害。否则，在果树上发现病症后，还要经过讨论、审批几道环节，两三天时间过去后再去打药往往就已经晚了。树体被大面积侵害后，就很难挽回树势。在病虫害暴发之前先做防控，可以把危害降到最低。褚一斌要求采购部每年在年中、年尾进行两次大规模的农资采购，每次必须保证基地半年的物资供应量，以提前布局或防控。与工业不一样，农业不能暂停，时间不会因为企业遇到任何准备不足的情况而停留哪怕一分钟。错过了时令，以后可能怎么补救都补救不回来了。

对于任何一种橙树常见的病虫害，植保员都会多准备几种安全药物，计划好几套方案，交叉使用，机动灵活地开展防治工作。多年下来，每个植保员的心里都有一本小册子，哪些虫害可以一起防治，哪些药一起打效果最好，哪些药不能一起打……这些都是褚橙人的基本功。

另外，褚氏农业会优先使用高效低毒、残留少的药，成本是放在最后考虑的事情。比如对于棉铃虫的防治，一般果园防治用的普通药物，价格只要 20 元一吨，但褚氏农业会选择使用 2000 元一吨的生物制药，后者成本是前者的 100 倍，就是因为生物制药基本没有残留。

每年9月中旬,临近采摘季时,为了保证有30天以上的安全间隔期(柑橘类水果常用药的安全间隔期为14~30天),基地果园里的所有果树要一律停止打药,直至11月初开园采果。

像褚氏农业这样规模化种植水果的企业,农资采购量自然非常大,许多供应商都希望能和褚氏农业建立长期合作及战略供应关系。为保证橙树的食品安全,采购部门的质量把控就显得至关重要。

为了防止基层采购混乱,褚氏农业的农资采购权都集中在总部,所有供应商都必须经过层层筛选才有机会进入供应商白名单。

即使有幸进入白名单的供应商,也并不是高枕无忧。农业产品在使用药物时,同一种药物每用一段时间,农业产品就会对其产生抗药性,因此,需要定期更换药物。跟工业的标准化定制不同,采购部门会根据基地的实际需求,以及药效试验情况,随时调整采购的范围和方向。即使是同一品类的肥料,由于各个厂家的生产工艺、生产方法不同,其中元素的含量虽然一样,使用效果还是有一些细微差异的,果树树势不太一样,特别是有机肥更加明显。褚一斌开会时也经常问基地管理人员,最近在用什么肥料,树势如何,是否需要更换,等等。

对于之前未使用过的和更新过的药物,在入库环节会更加谨慎,会更多地考虑安全性问题,技术部会做药效试验。在什么状况下用的什么药,用了多长时间,效果如何,技术部都会通过试验药物记录单进行追踪,并且把试验结果反馈给公司总部。只有试验结果证实某种药物确实有效,它才会被列入供应物资清单,然后再考虑价格和采购流程。

褚氏农业每年都会邀请农资供应商欢聚一堂,对方会展示自己最新的研究成果或相关产品。相关技术人员如果发现哪些新药物或新产品刚好符合基地的需求,就会带一部分样品回去做试验。

即使是已经列入供应物资清单的药物,也至少要经过一年以上的观察期,通过小范围使用来看看具体药效如何,会不会产生药物残留等。只有实验室数据表现良好且基地主管、作业长试用过都觉得可靠的药物,才会在各个基地大范围推广。

褚一斌认为,对于农资供应商的选择,双方对好产品的共同追求,是达成合作的前提。"对方要和我们有共同的理念,就是对方要用他们的好产品、好资源、好技术,来和我们一起做好产品。"

为了能站在二十年后的起跑线上

褚氏农业的各个基地,都在对各类新型的农业技术和工具做一些局部的试验,试验效果好的就慢慢扩大应用范围。

对一些新型工具的使用,有相当一部分员工不是很理解,认为效果反而没有之前人工操作好。

对此,褚一斌常常用围棋人工智能程序 AlphaGo(阿尔法围棋）战胜人类围棋"天才"的过程来回应。当 AlphaGo 在 2015 年崭露头角时，围棋高手们都觉得不可能会输给它。但经过接近 3000 万盘围棋训练的 AlphaGo，后来却相继击败了棋王李世石及天才棋手柯洁，让世界范围内众多围棋高手大为震惊。

褚一斌说，很多东西是面向未来的，我们眼里不能没有"趋势"二字。农业现代化、数字化、智能化，在今天看来也许没用，但这并不代表以后也没有用，我们提前布局是有必要的。尽管公司依靠过硬的产品品质和褚老的个人魅力，在市场上占有较大优势，但这毕竟主要是靠"人工"种出来的。没有人能保证，二十年后时代发展会不会出现断代，会不会出现人工稀缺且昂贵、种植业成本大幅增加的问题。

褚一斌的担忧在于，一方面，随着城市化进程的推进，能够沉淀在农业和农村的劳动力越来越少。"现在澳大利亚的一些农场，在庄稼或者水果成熟的时候都找不到足够的工人来收割或采摘。二三十年以后，中国也会面临这种情况，人们都不愿意下地了，那个时候只能让机器人下地。"另一方面，未来农田里的场景，也许是我们现在想象不到的。"二十年以后可能要机器人下地种地，我不能坐着等。不然的话人家所有的工作都是靠机械在操作的时候，你靠人肯定就饿死了。我们不只要眼前活得好，一二十年以后，下一轮的竞赛起跑线上还有没有你？我们永远都是在起点上，永远都要给自己设一个目标。起跑的时候，看看有没有你。如果没你，那就没戏。"

褚一斌天天钻到果园里，深知农民"面朝黄土背朝天"的辛苦，希望能最大限度地减轻农民们的劳作负担。作为种植企业的老板，褚一斌很清楚在田间地头劳作时，如果工作强度太大，农民们的积极性会受到影响，工作态度会打折扣，人员稳定性也会不高。如果农民们因为困难而不能及时完成个人所负责的果树管理或养护，必然会影响到果子的质量，影响到消费者的产品体验。

从褚时健时期开始，褚氏农业就一直没有停止过在农具和农用机械技术提升上的探索。

公司正在尝试在坡面较为平缓、道路规划整齐、风力较小的地区，使用田间的自动打药系统或打药风炮机大面积喷洒叶面肥。新平老基地有多个作业区都处在较为陡峭的坡地上，小型机械很难进去，采用无人机喷洒等新型作业方式，可以极大地提高劳动效率并保证产品品质。

褚氏农业很早就和国内的无人机制造企业开始接洽，考虑定制研发契合园区地形特点、气候特点的机器设备。在我参加的几次数字化农业的联合沟通会议上，视频连线的就有好几个生产无人机的厂商或者研究机构。尽管无人机在褚氏农业的果园没有大面积应用，但是我在散步时也能偶尔看到它们的身影。

在陇川、龙陵等新基地，技术人员这几年正在做微型化机械的试验。他们在市面上重点寻找15马力左右的小机械，这种机械重二三十千克，一个农民就可以搬动，使用这种机械，农民们在果园里的农事操作会便捷很多。

公司的管理人员说，对农民来说，在山地或坡地作业，最困难的工作其实还是采果。采果季本身就是最繁忙的季节，而且褚氏农业对果子采摘的时节有严格规定，树上的果子熟了，

褚一斌在考察果园作业区的地形

就得立即采摘，等不得人。过了时节，果子的风味就会出现变化，糖度、酸度都会受到影响，甚至出现烂果。如今，公司的采购和技术人员正在积极地联络现代农业机械方面的权威——华南农业大学的罗锡文院士团队，考虑在地形高差最大的几个作业区，探索小型轨道牵引的采收方式。这样，农民就不用背着箩筐爬上爬下，辛苦程度会降低很多。

2017年年底，公司专门在生产技术部下面设立了省力化部门，负责尝试满足各个基地对省力化机械的需求。

在龙陵基地，省力化工作的推进在起垄栽培方面也取得了明显的成效。褚一斌在龙陵基地三期栽种的时候，创造性地提出用这一技术节省人力的思路，用机械将两边的土堆到台面中间。某段时间如果持续降雨，积攒的雨水对果树的根系和果子都会有很大影响，根系会腐烂，果子味道也不好，而起垄栽培则可以增加果树的通风性和透气性。

对农民来说,最大的好处就是不用在雨季时额外开挖排水沟,节省了许多人力;另外,采用传统的栽培方式,农民每年需要施两次有机肥,而采用起垄栽培可以两年集中施一次,施肥工作的效率也会更高。

一般而言,起垄栽培技术需要借助拖拉机和起垄机共同完成。但当时,在市面上找不到合适的起垄机。褚一斌便决定自己研发。为此,公司的生产技术部专门研发了适用的起垄机,配合拖拉机一起作业,这种起垄机还获得了国家实用新型专利。

面对一些质疑的声音,一方面褚一斌在采用这些新设备、新工具时很谨慎,特别跟下属们强调:"不要为了智能化而智能化,应用智能化、省力化、数字化等概念时一定要考虑褚氏农业的现实问题。千万不要被一些玩概念的厂商忽悠了,我们要关注所引入的技术是不是能真正带来效率提升、品质上升。我们不是为了好看,不是为了对外展示!"

另一方面,他会经常和大家一起畅想褚氏农业的未来劳作场景,增强大家的信心:"将来无人机在天上一飞,就能统计出叶片、果子的数量,结合大数据计算出土壤情况并给出精准的决策判断,据此机器人下地工作……"

为消费者筛选经销商

作为普通消费者,我们也许意识不到,水果行业其实是一个典型的"渠道为王"的行业。成熟的经销商体系非常重要,褚一斌常常说,经销商就是架设在土地和市场之间的一座桥梁,负责将水果从田间树上送至商超货架,因此是水果由生产企业抵达消费者的关键一环。

在生鲜行业里,无论是不是昂贵或稀缺的品种,由于产品本身的保鲜期较短,做好流通体系建设都是至关重要的大事。如何保证冰糖橙以最快的速度、最新鲜的状态抵达消费者家中的餐桌和果盘,使其风味、口感与从树上采下来时相差无几,是褚氏农业在产品上市后最大的关切点。

褚橙名声在外,很多人都想成为这种知名果品的经销商,对经销商的考察与筛选格外重要。为了保证最新鲜的口感,褚氏农业在考虑经销商时,整体原则是:保证全国各地的消费者在褚橙的销售季,能够便捷地买到最新鲜的正品褚橙。

昆明地区的一家一级经销商负责人笑着告诉我:"褚橙每年都供不应求,我们真的是要靠'抢'才能拿到一点货。"而一级经销商的优势就在于,除了可以享受最低的产品供应价格之外,能够分配到的货量也是最大的。

到底什么样的经销商能够跻身褚橙的一级经销商行列?

褚一斌最关注的,一是经销商自身的供应能力,如仓储建设情况、中心仓的位置、加工能力、包装能力、物流配置等等;二是对方的出货量——出货量越大,代表着经销商的销售能力越强,自然会在褚氏农业获得更多的话语权;三是周转速度。不同于其他生鲜供应商,褚一斌反对将橙子放在冷库里积压,等市场好的时候再拿出来卖。昆明马金铺选果厂有自己的冷库，但是几乎没有使用过。选果厂的负责人说，昆明气候冷热适宜，常温就适合存放，而且果子从冷库里拿出来后会有回温的过程，对果子的口感反而会产生一定影响。因此，公司对经销商的要求是高周转，即货发给对方以后，对方需要尽快把货分发出去，使果子能够快速地到达消费者手上。

褚一斌说，这三个方面需要达到较好的平衡。

之前就曾发生过这样的情况：按照原来的销售计划，经销商A分到的货量比较多，但褚氏农业的销售人员在查看A的库房过程中发现，有一部分果子迟迟发不出去，被堆放在仓库里，销售人员立即和公司沟通，暂时对A停止供货，将原计划中剩余的货量转移到另一家经销商B手中，B的订单量本来少于A，但近期分销速度很快，供不应求，公司也同意向周转速度更快的B公司倾斜。

每年的销售季，负责渠道的同事都会出差前往各自负责的区域，去跟踪经销商的出货情况，也会查看他们仓库的实际库存。他们说在褚橙的销售季，公司里是根本看不到销售部人员的，他们基本都在全国各地跑。只有确认了仓库里确实没有堆放大量果子，证明对方的货已经分发给了下面的分销商，或者已经送至商超的门店，褚氏农业方才会按照原来拟定的正常计划发货。褚一斌强调，这个标准是硬标准，无论对一级经销商还是二级经销商都一样。

经销商当年的经营表现，也是第二年褚氏农业制订整体销售计划的依据。根据前一年的销量和销售速度，结合当时的区域出货量分布，第二年会对优势区域做加法，对弱势区域做减法，保证全国一盘棋，实现销售速度的均衡。

褚一斌感慨道："'快'这个字，说起来好像容易，实际难度不小。但是，速度为王，跑赢时间，我们才好向消费者交代。"

对经销商来说，褚橙本身是国产水果品牌里的大品类，有的经销商从褚时健时期一直合作到今天。这其中，既有商业合作的契约精神和真诚，更有对褚老励志经历和精神的崇拜，所以双方是互利共赢的伙伴关系。

2012年，褚橙已经开始热销，褚时健还在关注经销商的利润够不够。他经常问下面的人："经销商挣了多少钱？"在他看来，如果经销商没有利润，合作是不可能持久的。

褚氏农业的经销商，都是已经合作了多年的伙伴，相互之间非常熟悉，配合默契，都愿意积极主动地多做一些。

尽管合同中没有约定经销商需要对零售价体系的把控负责，但是在销售旺季，褚橙的经销商也会安排专人每天到商超或水果门店进行巡查。如果发现价格有问题，就会直接联系门店负责人并停止供货。因为经销商明白，相关的利益或品牌影响，是会牵一发而动全身的。

褚氏农业一直以来的目标，都是通过不懈努力，与合作伙伴携手并进，用"橙"心换取"橙"功，共同进步。

褚一斌说，世间本无常青树，合作伙伴也是一样。与经销商的合作关系，需要定期梳理，合作顺畅、价值观契合的，定然会长期合作；表现不好、龃龉频发的，自然要被淘汰出去，不再继续合作；新的经销商的拓展也是必须要去做的。每年从

6月开始,各路经销商就会纷至沓来,到褚橙庄园做客。吃过饭后,大家照例要找褚一斌喝茶、烧烤、钓鱼、散步,其中既有老朋友,也有新伙伴。既是熟络的人情,又是严肃的生意。

倾听市场的声音

在开放的竞争环境中,消费者的认可与忠诚,是检验好产品的唯一标准。产品唯有具备稳定的高品质,才能持续得到消费者的认可,才能让供应商和其他合作伙伴获得稳定满意的收益,从而形成良性循环。企业要随时倾听市场的声音。

褚一斌认为,对自己的消费者要有全方位的了解,对产品在终端的分布和流向也要有更细致的掌握。其中,不仅仅涉及各个地区对果子的消费量,也涉及具体的消费场景。

当前水果生产企业的大部分产品,都是借由经销商来抵达消费者的,它们会通过经销商和终端来把握消费者的反馈数据。同样,褚氏农业销售部每年也会从客户、经销商处收集问题,获得对产品的反馈。

2019年,好好的冰糖橙运到经销商处后,经销商反馈出现了裂果。虽然经销商已经做了及时、妥善的处理,不过基地、选果厂以及销售部还是会启动议事机制讨论对策。经过多次研究,判断应该是果子钙元素含量出了问题,让部分果子不耐储运。第二年,基地就负责对果子进行试验和观察,选果厂负责增加一个分选指标,并对设备进行改进,以减少或避免这类果子上市。

褚氏农业这些来自经销商的反馈数据精细度往往远远不够。以销售季的实时销售量这个数据来说,褚氏农业只能根据各地区的发货数据来跟踪,如北京地区发了多少吨,上海地区发了多少吨,等等。但某个地区的发货量并不代表该区域内消费者的实际消化量。对于货物具体流向了哪些门店和商超,褚氏农业都不得而知。

在采访的过程中我问褚一斌:"如果消费者收到橙子后觉得品质不好,我们如何保障他们的利益?"褚一斌不假思索地回答:"实际上我们大部分销售是通过经销商完成的,我们为什么要建立直营的天猫褚橙官方旗舰店?一方面是希望通过褚橙官方旗舰店的顾客权益保障为经销商确定一个标准;另一方面是希望能够与消费者走得更近,更了解消费者的需求。"

褚一斌要求销售人员要更多地通过自有渠道去掌握消费者的需求和动向。褚氏农业通过对天猫褚橙官方旗舰店、拼多多褚橙旗舰店等自营渠道的消费者进行分析,可以更准确地进行消费者画像描摹。对微信公众号、视频号及抖音账号的粉丝进行分析,也有助于对消费者的特征进行判断。毕竟,借助搜索指数等工具得出的数据都是相对宏观和模糊的,以上更具象的信息才是价值更高的信息。

大部分水果生产商还没意识到这一问题。因为在庞大的水果流通体系里,水果可以通过各种各样的方式抵达消费者,不同质量的、经过分选或未经过分选的、散售的或包装好的、有品牌的或没品牌的,这些果子在分发出去后,便如一滴水融入了大海,踪迹难寻。大家长此以往,并不重视对数据的收集和分析,尤其是对目标客户的分析。

褚氏农业又一次走在了前面。它已经在试着跟商超建立一定的关联,希望在褚橙上市之后,借助社会学或市场营销的分析工具和方法,通过线下调研或者暗访的方式,观察线下商超或水果店中的接触人数、购买人数、购买人身份及其行为特征等。这样做的好处在于,可以在消费者不被干预、不被控制的条件下,考察他们的各种心理活动和行为表现。譬如在某个时段内,看过褚橙产品的消费者的数量、性别分布、年龄特征,或将褚橙放进购物车(筐)里的消费者的数量和基本特征,等等。这是最真实的销售反馈。

销售人员在销售季会全天候地跟踪自己所负责区域的渠道,有时他们会"乔装"成普通消费者,潜伏在水果店里,听取来往的消费者的讨论和意见;也会跟夫妻店的老板娘聊一下,今年销量如何、利润高低。"在销售的过程中,至少也看到了一些真实的东西。大家的痛点在哪里?大家的期望在哪里?这些问题会指引我们对产品品质进行提升。"褚一斌说。这也是他带领团队不断提升品质的动力。

褚一斌预测,褚氏农业完整动态的客户反馈数据系统可能还需要几年时间才能建立起来,"但这是必须要去做的"。系统中的数据不断更迭,也可以对未来公司的营销体系建设起到预警作用,未来的决策也会更加有据可循。毕竟,农业产品的销售不同于工业产品,销售周期短,延续性不强,销售队伍和经销商的磨合时间也很短，只有一个多月。如果把握不好，就会丧失一整年的机会。

在生产端，公司每年都会组织骨干人员到广西、湖南等盛产冰糖橙的区域进行同行之间的技术交流，学习先进技术，取长补短。每年进入6月以后，基地会定期出具对果子的检测报告，检测项目包括果子的果径大小、糖度、酸度、转色情况等等，一方面是在各个基地间进行横向比较，另一方面也会和往年的情况进行纵向对比，作为判断果子品质的参考依据。

对于市场和消费者的力量，褚时健早有论述。他曾说："企业只有适应市场才能兴旺发展……我们生产烟，谁先按市场规律办事，谁就立于不败之地。"他坚持，市场需求是决策的前提。从1990年开始，玉溪卷烟厂开始全面开发卷烟厂的信息网络，以搜集和整理各种信息。当时，褚时健在全国的主要销售区域设立了80多个信息网点，到1993年信息网点发展到98个，拥有上百名商情信息员，这些信息"触角"搜集商情信息和市场动态，每天向卷烟厂反馈。

在2022年的生产管理会上，褚一斌反复强调："哪里有问题就盯着哪里，管理层要多思考。这是对基地、对农民、对作业区负责，更是对消费者负责。结不出好果子，大家日子都不好过。"他也说："虽然气候、天、地这些是不可控的因素，我们管不到，但是有一个人在管天管地，就是消费者。果子不好吃，就出问题了。要记住，消费者是用钞票来投票的。"

从 1 到 N

"十年窗下无人问,一举成名天下知。"褚时健74岁上哀牢山种橙,十年风霜雨雪,终让褚橙名扬四海。之后,又经历十年的沉淀才有今天的褚氏农业。褚时健对褚橙的从0到1,可以说厥功至伟,流尽了最后一滴汗水。

"独乐乐不如众乐乐",现在褚一斌想得更多的是,既然褚氏农业经过二十年的发展积累了丰富的农业产业化的经验,那能不能复制这些经验,实现从1到N的发展,让更多的农村地区也实现农业产业化的跨越呢?"我们在生产过程中针对小面积地块的管理总结了一些规律,结合品牌和资源整合能力,形成了数字化标准,可以用规则为别人服务,带动整个产业链的价值升级。"对于未来的设想,褚一斌这样介绍。

褚一斌想到了一种模式,他将之称为共生模式,农民们把自己的土地腾出来由褚氏农业来种植,褚氏农业负责出人、出技术、出资金,最终按照每年橙子的收成,与农民们一起进行利润分成,共同成长,实现企业与农民的共生。

这种模式与很多农业企业的模式不同,将农民与土地结合了起来。正如美国著名传记作家欧文·斯通所说,农民与土地是不能截然分开的。他们实际上是两种泥巴,互相融合,互相依存。那么为什么不让农民直接管理自己的土地呢?这样既保障了农民的利益和积极性,也符合公司的轻资产发展模式,同时也可以为每个想持续打造好产品的地区或者水果种植企业进行综合赋能。

共生模式的提出，基于褚一斌对很多现实问题的思考。他深知，如果仅仅是自己想做共生模式，而不是地方政府和农民们需要做，就相当于强买强卖，没有可持续性。

褚一斌通过多年的农业产业观察发现，当前整个产业面临着一个巨大的矛盾：许多地方土地闲置，无人耕种，或者是农民不愿意耕种，或者是他们在技术上不具备耕种的能力，造成对土地资源的巨大浪费。小农户或者种植企业有生产好产品的意愿，但得不到技术上的指导。

在这种情况下，很多农村和褚氏农业就有了对接的可能，可以在企业、农民、土地这三者之间找到一个平衡点。

根据他的设想，褚氏农业将以褚橙品牌为引领，对外输出管理、人才和技术，将种植管理技术转换为实际的生产力，因地制宜地细化后向有需求的区域推广。除了柑橘类的产品，后续还将扩展到其他种类的水果上。在这一阶段，褚氏农业将不再通过扩大自有基地规模的方式来寻求价值增长空间，而是要进行内涵式、品质化的提升。

共生模式的具体动作是什么？褚一斌强调了以下几点：首先是褚氏农业标准的制定。即以新平老基地作为样板和示范基地，使具体的生产实践与外部合作伙伴及标杆企业的经验相结合，将现有的模式、流程、标准、规范及数字化系统基本固化后，提炼总结出相应的运营管理体系。其次是对外的推广，将以上标准化的经验进行复制，实现一产、二产、三产的联动。最后则是团队的打造，"对外服务队伍"将是褚氏农业未来产业

四大中心支撑共生模式

发展最重要的战略布局。共生模式的输出前端是一支能打硬仗的尖兵队伍,即由3~5名骨干人员组成的前方攻坚小组,小组成员要来自营养、植保、后勤、财务等主要部门。后端则是雄厚的支撑力量,主要包括四个中心:培训中心、技术中心、种苗中心、供应链中心。最终形成完整的种植产业链,全面支持从1到N的实现。

品种选育是柑橘产业发展的基础,柑橘种苗的质量直接决定果树的后期生长情况,特别是对果实品质起决定性作用。一个好品种的推广,可能涉及上万亩,甚至几十万亩果园,后续影响也可以持续数十年。有感于此,褚氏农业联合中国农业科学院柑桔研究所、云南农业大学等专业机构,由邓秀新院士牵头建设柑橘种苗中心。中心科学地选址并规划园区,目标是实现年出圃脱毒高标准商品苗80万棵以及脱毒接穗100万个。褚氏农业种苗中心建立的初衷,一是为自身基地的拓展提供种苗,二是在知识产权上实现独立自主。共生模式提出后,种苗中心进一步将自主研发的橙、柑等种苗产品输送至其代管基地，从源头上保证柑橘产业的安全和高效生产。

技术中心负责解决柑橘种植过程中的一系列技术问题，争取在良种培育、产品标准化、加工贮运、病虫害防治、防灾减灾、生态农业等影响产业水平的核心技术上实现突破。在未来，共生模式一旦大规模推广，就需要大量技术人员去各个地方做好技术指标的本地化、差异化处理。

共生模式的支撑团队、攻坚小组的优秀技术人员从哪里来？这是共生模式必须考虑的基础性问题。如何建设农业产业链当中的人才价值链，是长期以来困扰许多农业企业的难题。尽管每年国内约有10万名农业大学的毕业生，但真正沉下心来留在田间地头，能够将理论融入实践生产的人才少之又少。褚氏农业想到的解决办法就是干脆自己建培训中心，面向农民兄弟做培训，来解决共生模式的人才支撑难题。在这里，在两年的学习期内，学员们将学习到选种、作物营养、植保、田间生产操作管理、修剪、农业机械、农业设施、智慧农业、采后处理等各方面的知识。褚氏农业希望把田间地头的实践和课堂里的教学结合起来，建设一支能够满足全供应链需求的专业人才队伍。

培训中心还在建设时，褚一斌曾邀请我们团队去参观建设工地现场。他说，这个培训中心，他投入了很大的力气和本钱，从设计到监工，他一版一版方案地过。"你看这面墙，砌得比别人的要厚很多。人家跟我开玩笑，说当城堡都可以了。"他摸着培训中心的外围墙说，"但是这个钱是必须要花的。做教育，用的东西一定要保证非常安全。不然就是没有良心。"

关于与外部合作，解决好农资采购、销售渠道的问题，褚一斌说，其中的关键就是建设完整的供应链中心，在外部资源上统筹上下游的供应商和经销商。

根据褚氏农业的规划，四大中心将为共生模式的落地、为产业发展提供强大的支撑，把整个产业的力量整合起来，实现共同进步。褚时健早期走出了运用工业标准化思路管理农业种植业的第一步，他的继任者褚一斌希望将这条路拓展得更宽、更远。

共享"橙果"

真正的行业领袖，一定懂得在自身发展的基础上，还要做好行业利益的平衡，扶弱帮贫。褚时健在世时，非常注重与合作伙伴的关系，擅长平衡各方利益，实现多方共赢。他认为，做生意不能只想着让自己赚钱，适当让利，常常会获得更大的利益。利益平衡成了日后指导他在经营中做决策的重要原则。

二十世纪八九十年代，重庆涪陵卷烟厂效益欠佳，当地为此一直颇为头疼。当地官员专门拜访了褚时健，一番对谈，褚时健大方地答应帮扶，从玉溪卷烟厂调拨 3000 万美元储备金资助涪陵卷烟厂，并将一部分设备和烟叶送了过去，还承诺进行长期的技术帮扶。在玉溪卷烟厂的帮助下，涪陵卷烟厂的技术和管理都提升到一流水平，实现了跨越式发展。

20 世纪 80 年代中后期,位于陕西的延安卷烟厂由于设备落后、管理不科学,连年亏损。20 世纪 90 年代初,陕西省的一位领导邀请褚时健做客西安,并借机向他请教工厂复兴的事情。回到玉溪后,褚时健第一时间和厂里的领导班子定下了帮助延安卷烟厂的具体方案:低价转让设备、赠送烟叶、派遣技术员长驻。第二年延安卷烟厂的效益就有了明显提高。

2014 年 12 月,褚时健荣获第九届人民企业社会责任奖特别致敬人物奖,在致辞时他曾说:"每个人,每个企业,我们生活在社会当中,我们社会会给我们,但我们要给社会报答的更多,要超过社会给我们的。"

2002 年,褚时健在哀牢山种橙子,等于是开启了一条"政府 + 企业 + 基地 + 农民"的四方联动乡村振兴之路。

新平老基地三作业区的农民郭周学早年在山下种甘蔗,每年的收入都不够糊口。自从褚时健在山上开发了基地后,他便带着妻子一起上山开始种橙。如今年龄大了些,儿子儿媳体恤他们,主动提出帮着他们一起照管果树。树管得好,他们家的产量也高。2021 年,他们的年收入超过了 18 万。

在褚橙模式的带动下,新平县柑橘产业迅猛发展,种植规模不断扩大,产量产值不断提升。新华网报道显示,截至 2021 年 9 月,新平县种植柑橘面积 14.18 万亩,挂果面积 10.98 万亩,种植冰糖橙的经营主体有 174 家。

2013 年建立的磨皮基地,其实是褚氏农业的一个定向扶贫项目。当地所有的农民就地转为产业工人,没有外聘人员。褚氏农业打造出规模连片的沃柑标准化生产基地,带领磨皮村探索出了一条共同富裕的好路子。三年后，磨皮村脱贫出列；五年后，磨皮村贫困对象全部清零。现在，村里种橙的农户基本上家家都盖了小洋房，一家最少有三辆车：拉东西的货车、出去玩的小汽车、日常代步用的摩托车。

2014年开始建设的龙陵基地，当地农户实现了一块土地四份收入：土地流转租金、产业反哺基金、基地管理和务工收入及村组提成奖励。如今，农户每亩土地的收入在6000元左右，比原来的收入翻了两番多，真正实现了富民壮村。龙陵基地建成以后，每年600万立方米的灌溉用水让这里的空气更加湿润，甚至改变了当地的小气候。而褚氏农业的各个基地坚持使用有机肥料，对土壤也产生了很大的正向影响。

德宏州的陇川基地所在地，是景颇族的集中居住地。景颇族热情奔放，能歌善舞，喜好饮酒，常常几万人聚在一起，穿着节日的盛装载歌载舞。陇川基地办公地前面的空地就是当地乡镇的广场，也是著名的"目瑙纵歌"的演绎地。在褚氏农业的带动下，一部分农民现在已经从甘蔗种植转向柑橘种植，其土地利用效率和收入一年比一年高。

褚一斌说，褚氏农业未来要做高品质水果产业链的组织者和领导者。

首先是"从一个人的橙，到一群人的橙"，通过对柑橘产业链的组织，让各利益相关方实现生态融合，携手为消费者提供高品质柑橘产品，并因此获得自身的健康发展和合理回报。

然后是"从一群人的橙，到一群人的成"，进一步拓展产品系列，在全国乃至全球范围内，对高品质水果资源及其基地资源进行整合，带动褚氏农业各利益相关方实现跨越式发展，让每一个参与者有成就感。

作为行业里做得还不错的一个企业，褚一斌说自己的企业有责任推动产业链从传统农业向现代农业升级。在这一过程中，对用户需求、基地建设、种植过程、生产加工、供应链等模块都要有所考虑，基地主管、作业长、管理专家、技术工人及农民等群体也要紧密结合在一起，共同为实现用户需求管理标准化、生产标准数字化、农业产业化、作业机械化、农产品品牌化的目标而努力。

褚一斌说，希望以后中国的农民更有自信，更有尊严，更有价值。作为一家种植企业的老板，他要让员工在娶媳妇、谈对象时，不羞于提及自己的工作。褚一斌曾跟我讲过这样一个故事，一名优秀的年轻人，家里安排了相亲。对方看了照片，看了家庭条件等各方面，都很满意。结果他俩第一次约会吃饭后，就因为他的工作，好好的一桩婚事就没有了。褚一斌听说后，心里非常不好受，他说："那种失落、难过，甚至自责，无法表达。我甚至在反思，是不是自己没有带好这帮孩子。"自此，褚一斌就暗自下定决心，一定要带领好每一位褚橙人，用实际行动去打造新时代的农民形象。

马静芬在闲聊时曾提起一件事，让我瞬间对这个家庭充满敬意。自从儿子继任后，她内心其实一直替他捏了一把汗，怕他带不好企业。直到有一天褚一斌告诉她，他想建一所培训中心，培训来自全国各地的想学柑橘种植的农民，并且学习、住宿、吃喝全部免费。马静芬说，直到听到这件事，她才算完全

晚年褚时健和马静芬合影

对儿子放了心,她知道儿子有长远眼光,有社会大义,知道做企业赚了钱要反哺社会。马静芬也清楚,这个培训中心如果全部免费,每年褚氏农业将为此补贴上千万元。她不但没有劝儿子要考虑投入,反而说:"这是利国利民的好事情,他如果需要钱,我的积蓄都可以拿去!"

褚一斌曾对媒体说,相比做一名伟大的企业家,他更喜欢做一名可爱的企业家。褚一斌的可爱,我和学生们这些从企业外来的人,看得更真切。有时候,我跟几个学生在一起讨论问题,他会突然走过来说:"农民伯伯能不能也参与一下?"惹得几个学生禁不住大笑。褚一斌对自己作为一个新时代的农民觉得很光荣,但他又不满足于做一个普通的农民。他说:"我们今天在农业行业里处于一个相对领先的位置,有一定的表达权和选择权,今后我们要想得更多,走得更远,将我们的模式复制出去,让更多的农民感觉到'兜里有钱,脸上有光'!"

本书作者刘国华与褚一斌（左）合影

后记

本来在两年前就计划好的褚橙庄园之行，因受新冠肺炎疫情的影响而一直被往后延。但事情就像褚一斌先生说的，冥冥之中自有一种等待的价值。

在第一次前往褚橙庄园的途中，有个朋友打电话给我。朋友得知我要去褚橙庄园时，说了一句："如果有机会，我也要去看看褚时健先生老来创业的地方。"不错，去褚橙庄园感受褚时健的励志岁月，自然是很多人来此的目的之一。褚时健与他创立的褚橙，是很多人都能谈上几句的话题，而褚时健本人则毫无疑问是中国当代企业家中最有标志性的人物之一。

从戛洒镇到褚橙庄园，车一直在往山上开，大片的雾气在近处的山上萦绕。

到达山顶的褚橙庄园时，褚一斌先生还没回来。听庄园的人讲起，他昨日驱车 10 多个小时去龙陵基地检查果园，目前尚在赶回来的路上，明天一早会跟我会面。

我在庄园的酒店住下，透过窗户能看到褚老当年种下的万亩橙园。虽不到"最是橙黄橘绿时"的时节,但满树沉甸甸的果子很容易让人想到几个月后的丰收景象。

第二日一早,褚一斌先生约我到他的办公室。所谓办公室,并不是大家认知中的那种标准的办公室,里面甚至没有一台电脑和一个文件夹,最多的是一些从全国各地快递过来供褚一斌先生品鉴、对比的水果,以及一些种植类的书。听庄园的老人讲起,褚老当年在庄园创业时,也没有真正的办公室,他的办公室就是果园。我想褚一斌先生也是如此,他不想因烦琐的办公事务减少去果园的时间。

尽管初次见面,没有寒暄,但彼此直接得像相识多年的老朋友。三言两语之后,我们决定一起去果园走一圈。走在果园的路上,不时能闻到阵阵橙香。褚一斌先生第一次跟我聊起了褚老、父与子,以及他子承父业的四年。

尽管父亲在褚一斌的心中有极高的分量,他却不希望时刻顶着父亲的光环,他甚至会避免把父亲挂在嘴边。每个第一次见到他的人,都会很自然地把"褚时健的儿子"这样的标签贴在他身上,褚一斌也慢慢习惯了。他说:"凭我个人的能力,我永远都无法超越老爷子。我要做的就是带领一群褚橙人沿着老爷子的足迹,走得更远。"

如今,褚一斌接手褚氏农业快四年了,一开始周围全是质疑的声音。但这四年下来,在对成品率的控制越来越严的前提下,果子每年的产量、销量都有快速提升。他自己说,以前他说什么都没人相信,只能默默地钻进果园,做出来给大家看。

和褚一斌先生逛完一圈果园回到庄园酒店,户外已是满天星斗。山里的夜，早早地开始变得宁静，只剩下果园里风摩擦着树叶的声响。

此后的日子，和褚一斌先生的交流越来越顺畅和频繁起来。话题也五花八门，能说的、不能说的，他都毫无保留说与我听。褚一斌先生向我展示的真实，让我自己也感到惊讶。他的这种透明度，在我所接触的企业家中极为罕见，就像山庄夜晚一览无遗的星空。这也使得我能真正走到他的内心深处，不仅知道他在做或者做过什么，而且能理解他为什么这么做。

2022年是褚氏农业创立二十周年，也是褚老逝世三周年。在这一年的祭日，褚一斌带着家人来到父亲的墓碑前祭拜。祭拜结束，褚一斌又独自返回父亲墓前，对着墓碑说："儿子没有辜负您的期待，会继续带领好褚氏农业，请您放心。"

我想，褚一斌先生的这句话，不仅是说给褚老听的，也是说给全天下所有关心褚橙的人听的。

本书的顺利完成，我要感谢很多人。

首先要感谢跟我们团队接触过的所有褚橙人，与他们坦诚地聊天，跟他们一起回顾褚氏农业发展的点点滴滴，是这本书得以形成的重要基础。特别是褚一斌先生、马静芬女士毫无保留地把他们的经历、内心的想法都告知我们，而且相当多的内容都是第一次对外公开。

其次要特别感谢我的研究团队的蔡建雯、熊婧茹、张晶晶、陈晨四位研究生，感谢华夏基石王婧婧、李馨等人做的大量前期调研工作，没有她们做的大量基础工作，本书无法如此快地呈现在读者面前。

© 民主与建设出版社，2022

图书在版编目（CIP）数据

品牌原力 / 刘国华，王祥伍著. -- 北京：民主与建设出版社，2023.1
ISBN 978-7-5139-4031-3

Ⅰ. ①品… Ⅱ. ①刘… ②王… Ⅲ. ①企业管理—品牌—研究 Ⅳ. ① F273.2

中国版本图书馆 CIP 数据核字（2022）第 234885 号

© 中南博集天卷文化传媒有限公司。本书版权受法律保护。未经权利人许可，任何人不得以任何方式使用本书包括正文、插图、封面、版式等任何部分内容，违者将受到法律制裁。

上架建议：畅销·经管

品牌原力
PINPAI YUANLI

著　　者	刘国华　王祥伍
责任编辑	顾客强
图书监制	毛闽峰
图书策划	史义伟
文案编辑	高晓菲
营销编辑	刘　珣　焦亚楠
版式设计	李　洁
封面设计	杨宇梅
出　　版	民主与建设出版社有限责任公司
经　　销	新华书店
社　　址	北京市海淀区西三环中路 10 号望海楼 E 座 7 层
电　　话	（010）59419778　59417747
邮　　编	100142
印　　刷	北京天宇万达印刷有限公司
版　　次	2023 年 1 月第 1 版
印　　次	2023 年 1 月第 1 次印刷
开　　本	875mm×1230mm　1/32
印　　张	9
字　　数	192 千字
书　　号	ISBN 978-7-5139-4031-3
定　　价	68.00 元

注：如有印、装质量问题，请与出版社联系。